김말봉 전집 7

해방 전 단편서사 모음

지은이

김말봉(金末峰, Kim Mal Bong) 1901~1961. 본명은 말봉(末峰), 필명은 보옥(步玉), 말봉(末鳳), 아호는 끝뫼, 노초(露草). 1901년 경남 밀양에서 출생하여 1919년 서울 정신여학교를 졸업하였고 이후 일본으로 건너가 1924년 동지사대학 영문과에 입학하였다. 1927년 동지사대학을 졸업하였고 『중외일보』 기자 생활을 하였다. 1932년 『중앙일보』 신춘문예에 단편 「망명녀」가 김보옥이라는 필명으로 당선되어 문단에 데뷔하게 된다. 이어서 「고행」, 「편지」 등의 단편을 발표하였고 1935년 『동아일보』에 『밀림』을, 『조선일보』에 『찔레꽃』을 연재함으로써 일약 대중소설가로서의 자리를 굳히게 되었다. 하지만 일어로 글쓰기를 거부하여 더 이상 작품 활동을 하지 않다가 1947년 『부인신보』에 『카인의 시장』을 연재하면서 다시 소설 쓰기를 시작한다. 1954년 『조선일보』에 『푸른 날개』를, 1956년 『조선일보』에 『생명』을 연재하여 높은 인기를 얻었고 1957년 기독교 장로교회에서 최초의 여성 장로로 피선되었다. 1961년 지병인 폐암으로 사망하였다.

엮은이

진선영(陳善榮, Jin Sun Young) 문학박사. 1974년 강릉에서 출생하여 이화여자대학교 대학원 국어국문학과를 졸업했다. 「한국 대중연애서사의 이데올로기와 미학」으로 박사학위를 받았으며 현재 이화여자대학교에서 강의하고 있다. 대중문학에 대한 관심에서 출발하여 잊히고 왜곡된 작가와 작품의 발굴에 매진하고 있으며 젠더, 번역 등으로 연구의 영역을 확대하고 있다. 주요 논문으로는 「유진오 소설의 여성 이미지 연구」, 「마조히즘 연구」, 「부부 역할론과 신가정 윤리의 탄생」, 「추문의 데마고기화, 수사학에서 정치학으로」, 「김광주 초기소설의 디아스포라 글쓰기 연구」 등이 있고, 저서로는 『최인욱 소설 선집』(현대문학), 『한국 대중연애서사의 이데올로기와 미학』(소명출판), 『송계월 전집』 1·2(역락) 등이 있다.

김말봉 전집 7 - 해방 전 단편서사 모음

초판 인쇄 2018년 12월 20일 초판 발행 2018년 12월 30일

지은이 김말봉 엮은이 진선영 펴낸이 박성모 펴낸곳 소명출판 출판등록 제13-522호

주소 서울시 서초구 서초중앙로6길 15, 1층

전화 02-585-7840 팩스 02-585-7848 전자우편 somyungbooks@daum.net 홈페이지 www.somyong.co.kr

ISBN 979-11-5905-341-2 04810
979-11-85877-30-3 (세트)

값 17,000원

The Complete Works of Kim Mal Bong
Vol.7 : The Collection of Short Stories
Before the Liberation of Korea

김말봉 전집 7

해방 전 단편서사 모음

진선영 엮음

소명출판

일러두기

1. 김말봉 전집은 김말봉 발표 작품을 발표 연대별로 수록하였다.
2. 모든 작품은 발표 당시의 것(신문, 잡지 연재본)을, 연재 미확인 작품은 출판사 발행 초판본을 저본으로 삼았고 출처는 본문의 마지막에 명기하였다.
3. 본문의 표기는 독자의 편의를 위해 현행 한글맞춤법과 외래어표기법에 따랐다. 단 작품의 분위기에 영향을 준다고 판단되는 방언이나 구어체 표현, 일본어, 의성어, 의태어 등은 그대로 두었다.
4. 원문의 한자는 가급적 한글로 바꾸었고 작품 이해에 도움이 될 만한 한자는 그대로 두고 괄호 안에 넣었다. 어려운 단어나 방언, 일본어는 각주를 달아 설명하였다.
5. 원문의 대화 표기인 『 』은 " "로, 독백과 강조는 ' '로 표시하였고 말줄임표는 ……로 통일하였다. 과도하게 사용된 생략 부호나 이음 부호(—)는 읽기에 편하도록 조절하였다.
6. 원문에서 판독할 수 없는 부분은 □로 표시하였고, 기타 사용 부호는 원문 그대로의 것을 사용하였다.

머리말

김말봉은 『찔레꽃』의 작가이자 식민지를 대표할 만한 대중소설 작가이다. 임화는 김말봉의 돌발적 출현을 작가의 '유니크성'과 당대 소설 창작 환경의 모순에 두고 작금의 조선소설계가 대망한 한 작가로 '김말봉'을 지목한 바 있다.

유니크unique란 무엇인가? 유니크는 이중적 의미를 갖는데 '유일한, 독특한, 진기한'의 긍정적 의미와 '기이한, 돌출적인'의 부정적 함의를 동시에 갖는다. 김말봉의 유니크'성性'은 전 조선에 유례가 없는 독특한, 독창성이 풍부한, 진기한 유니크이며 반대로 이상하거나 기이한 존재로서의 유니크이기도 하다. 기실 이 양가성 사이에 김말봉의 문학이 자리 잡고 있다.

식민지 시대 김말봉의 유니크함은 무엇인가. 김말봉이 『밀림』과 『찔레꽃』을 연재할 당시 문단의 이단적 존재로 받아들여졌던 이유는 스스로 '순수 귀신'을 비판하며 전면적으로 대중소설을 표방하며 문단에 출현했기 때문이다. 김말봉의 '대중작가 선언'은 독자들의 인기와 칭찬을 통해 '대중성'을 입증받으면서 힘을 얻게 된다. 당시 김말봉 소설의 인기는 식민지 후반기 신문소설계의 새로운 흐름을 주도하여 대중소설이란 새로운 소설 장르를 분화시켰고 이로 인해 장편소설론, 신문소설분화론, 통속문학론, 신문화재소설론 등의 다양한 비평적 활동을 촉발시켰다. 그러므로 김말봉의 역사적 등장은 엄밀한 의미에서 대중소설사의 시작이라 해도 과언이 아니기에 대중문학 연구가 축적된 현재 김말봉 전집의 기획은 대중문학사적 기반을 위한 의미 있는 출발이 될 수 있을 것이다.

해방 정국, 한국전쟁기 김말봉의 유니크함은 '장편소설' 창작에서 발견할 수 있다. 김말봉은 한국 작가 중 이례적으로 단편소설보다 신문연재 장편소설을 많이 쓴 작가이다. 현재 연구자가 확인한 김말봉의 단편소설은 동화 및 청소년 소설을 제외한 약 25편 남짓이고 장편소설은 신문연재 장편으로 31편이다. 하지만 여기서 한 가지 짚고 넘어가야 할 것은 연구의 대부분을 차지하는 식민지 시대 장편은 『밀림』, 『찔레꽃』 단 두 편뿐이라는 사실이다. 작가의 전체 작품 중 10%도 넘지 못하는 작품 편수가 작가의 역사적 이력과 작품의 전체 경향을 가두고 있는 형상이다. 이러한 현상은 작품의 90%에 해당하는 해방 이후, 한국전쟁기에 연재했던 소설이 실린 신문과 잡지를 구하는 일이 어렵기 때문인데 그러므로 김말봉 문학에 대한 기초적 자료를 확보하는 노력은 무엇보다도 시급하다.

김말봉 전집은 앞선 취지를 통해 기획되었다. 본 연구자는 대중문학으로 박사학위를 받았고 그것과 연계하여 대중문학 작가를 발굴하고 의미화에 연구적 역량을 집중하였다. 김말봉 전집의 출판은 그 시발점이 될 수 있을 것이다. 특히 김말봉의 경우 연재 당시의 인기에 힘입어 많은 단행본이 출간되어 있으나 연재 당시와 단행본 출간 시 작가에 의해 많은 개작이 이루어진 바 대중소설의 현장성과 인기를 복원하기 위해서는 당대의 신문 연재본을 발굴하여 정전화하는 작업이 필요하다.

또한 한국전쟁 이후 신문연재 장편의 발굴은 김말봉 문학 연구의 외연을 확대하여 김말봉 전체 작품에 대한 의미화와 개별 작품 연구의 초석이 될 수 있을 것이다.

넋두리 없이 머리말을 닫기에 이 작업은 실로 고단하였다. 안과 수술 이후 무리한 작업으로 0.6의 시력을 잃었으며 손목 터널 증후군을 훈장으로 얻었다. 발굴의 상처가 다양한 후속 연구의 밑거름이 되길 기원한다. 더불어 인문학의 현장에서 함께 고민하는 동학들과 사랑하는 가족들 박창성, 박성준, 박경민에게 감사의 마음을 전한다.

수리산 끝자락에서

2014.10

4권을 내며

김말봉 전집의 네 번째 책을 발간한다. 이전의 책들(『김말봉 전집』 1~3권(『밀림』 상・하; 『찔레꽃』))이 김말봉의 식민지 시대 발표 작품이라면 네 번째 책(『가인의 시장』/『화려한 지옥』)은 『밀림』 후편이 연재 중단된 이후(1938.12.25) 9년 만에 발표한 작품으로 이 작품을 통해 김말봉의 해방 이후 작품 세계가 시작된다.

『가인의 시장』은 1947년 『부인신보』에 연재된 작품인데 1948년 5월 미완으로 연재가 종결되고 1951년 『화려한 지옥』으로 제목이 변경되어 출판된다. 『가인의 시장』은 『부인신보』 연재 당시 '佳人의 市場'으로 연재되었고 『화려한 지옥』 1954년 문연사판 서문에는 '카인의 시장'으로 명명되었다. 『화려한 지옥』으로 출간될 때 제목과 목차 일부가 변경되었고 결말이 보충되었다. 다른 이름의 같은 작품은 서로에게 의미 있는 참조점이 될 것이라 생각되어 함께 발굴하였다.

2014년 김말봉 전집을 시작할 때 한 해에 두 편 이상의 작품을 발굴하리라 목표하였다. 이 목표를 성실히 이행한다 하더라도 전작을 전집화하기 위해서는 15년 이상이 걸리기 때문이다. 하지만 이듬해부터 실패다. 마이크로필름이라는 변수를 만났기 때문이다. 해방기-한국전쟁기 이후 발간된 종이 신문에 대한 현실적 접근이 어려운 상황에서 마이크로필름은 참으로 고마운 기록화이지만 이것은 두 배의 시간을 필요로 하였다. 마이크로필름을 출력하여 문서화하고 판독 불가능한 부분은 종이 신문을 통해 보충하였고, 다시 단행본을 참고하는 형식으로 작업을 진행하다 보니 올해 한 권의 작품을 발굴하는 데 만족해야 했다.

다시 한번 쓴다. 발굴의 상처가 다양한 후속 연구의 밑거름이 되길 기원한다. 더불어 인문학의 현장에서 함께 고민하는 동학들과 사랑하는 가족들 박창성, 박성준, 박경민에게 감사의 마음을 전한다.

다시 수리산 끝자락에서

2015.11

진선영

5 · 6권을 내며

김말봉 전집의 다섯 번째, 여섯 번째 책을 발간한다. 원래 5 · 6권은 4권과 함께 작년에 출판할 예정이었으나 저간의 사정으로 올해 출판하게 되었다. 아쉬운 점은 지금까지의 전집이 신문이나 잡지에 연재된 원본인 데 반해 5 · 6권은 연재 여부의 불확실로 인해 단행본을 저본으로 삼았다는 사실이다. 김말봉 전집은 김말봉 발표 작품을 발표 연대별로 수록하는 원칙을 세웠기에 그러하며 자세한 내용은 작품 해설을 참조하길 바란다.

전집을 발간하며 해마다 누적되는 머리말이 오히려 사족처럼 느껴지지만, 첫 머리말에서 존경을 표하지 못한 많은 선생님들과 연구자들에게 죄송할 뿐이다. 고립된 자의 독선을 열정이라 착각했던 것 같다. 지금의 이 전집은 앞서 김말봉의 작품을 사랑하고 연구한 모든 선배 연구자들로 인해 가능한 저작물이다. 감사와 존경의 마음을 바치며 사랑하는 가족들 박창성, 박성준, 박경민에게도 마음을 전한다.

2016.9

진선영

7 · 8권을 내며

김말봉 전집의 일곱 번째, 여덟 번째 책은 해방 전, 해방기 단편서사 모음집이다. 해방 전과 해방기를 나눈 것은 일제 말기 김말봉의 절필 기간을 명시화하고자 함이다. 김말봉은 장편소설을 주로 집필한 것으로 알려졌으나 단편소설 및 수필, 칼럼의 수도 상당하다. 단편서사 모음집에는 그간 알려지지 않은 김말봉의 다양한 면모를 좀 더 가까이 확인할 수 있는 서사들이 많이 있다. 이와 함께 한국전쟁 후 단편소설 및 수필의 목록을 추가하여 작품 연보를 수정, 보강하였다. 앞으로도 보완 작업은 계속되리라 생각한다. 김말봉은 연구하면 할수록 놀라운 작가다.

2018.12

진선영

차례

6. 설문

7. 콩트

8. 기사문—여학교를 찾아

부록

1. 단편소설

망명녀亡命女[1]

이야기는 내가 본국서 어느 요리점 기생으로 있던 때로부터 시작이 된다. 어느 날 밤 열두 시가 훨씬 넘었을 때입니다. 명월관 이층에서는 전처럼 손님이 오륙 인이나 남아 있어서 2차회격 식으로 새로이 흥풀이를 하고 있었습니다. 나는 그날 저녁에는 어쩐지 몸이 찌더분하고 골증이 더럭더럭 나서 일찌감치 자리로 가서 누워버렸으면 하는 생각뿐이었습니다. 그래 주인마누라에게 말을 하였고 아래층 내 방으로 와서 누워버렸지요. 조금 있으니까 아니나 다를까 보이가 와서 손님이 나를 찾는다고 기어코 나오라는구먼요. 그래 아파서 못 가겠으니 오늘 저녁은 용서하여 달라고 사정을 아니 하였어요. 보이는 그냥 돌아갔습니다. 나는 이불을 푹 쓰고 죽은 듯이 눈을 감고 있으려니까 골치가 푹푹 쑤시며 그저 사지가 녹아나는 듯 아파옵니다. 나는 앓는 소리가 입 밖으로 나오려는 것을 억지로 참고 잠만 청하고 누웠으니 문이 벙싯 열리며 이번에는 주인마누라의 목소리입니다.

"이애 산주야 어디가 아프니? 모처럼 손님이 오셔서 너를 부르시는데 웬만하거든 일어나려무나."

---

1 김보옥(金步玉). 삼각산인(三角山人) 화(畵).

언제나 돈푼 생길 만한 손님의 비위를 맞추려면 의례히 내게다 기름을 바르는 것이 밉살스러워서 못 들은 척하고 누워있으니까 이번에는 내 귀에다 대어 놓고

"애야, 오늘 저녁만 꾹 참고 가다오. 그러면 내일이라도 박 의사 말대로 약을 가지고 온양 온천으로 가서 한 보름 쉬도록 할 테니……."

이 말에는 아닌 게 아니라 나는 눈이 번쩍 뜨입니다.

"아주머니 건 정말이지요?"

"암 여부가 있나, 내가 자네에게 거짓말 하겠나?"

하며 팔을 잡아 일으킵니다. 나는 속으로

'네 버릇 개 주려고?'

하면서도 못 이기는 척하고 슬며시 일어나서 경대를 잠깐 들여다보고 위층 7호실로 들어갔습니다. 바로 술잔이 오고가고 웃고 지껄이고 한창 흥이 돈 모양입니다. 나는 들어가면서 인사를 하고 한 옆에 앉았노라니 전에 못 보던 양복장이 하나가 자꾸만 계심이를 껴안으려 하는데 계심이는 웬일인지 골피를 잔뜩 찌푸려가지고

"노셔요, 노셔요."

하면서 술주전자를 들고 일어서려니까 그 손님은 또다시 계심이 입술에다 입을 맞추면서

"고것 예쁘다, 고것 참 참하다."

하는 말이 남도 사투리로 꼭 일본말처럼 하는 것이 하도 우스워서 나는 그만

"호호."

하고 웃어버렸지요. 양복장이가 힐끗 나를 보더니 이번에는 계심이를

놓고서 옆에 있는 세루두루마기 자리를 꾹 찌르며

"여보게 저 색시 이름이 뭔가?"

"아아, 저 기생 말이오? 그게 '산호주'라고 하는 이 집 '스타'랍니다. 여봐 산호주 이 손님에게 인사 드려. 이 분은 서양서 여러 해 공부하시고 바로 한 달 전에 나오신 어른이여. 저 대구 양필상 씨 조카님이여."

나는 속으로

'작자의 몰골이 꼭 서부 활극에 나오는 부랑자 같으이.'

하면서

"안녕하셔요, 저는 최산호주랍니다."

하니까 양복장이는 싱글벙글 웃으면서

"그 참 시원시원하이. 얼굴이 아주 모던인데! 산호주, 자네 내게 술을 따르게."

나는 몸이 으스스하고 하품이 나오는 것을 겨우 참고서 술을 쳤습니다. 저편에 앉았던 오 주사라는 이가 혀 꼬부라진 소리로

"여봐 산호주, 노래 하나 하게나. 무엇이든지 좋으니 자 나온다, 좋다!"

나는 갑자기 머리가 핑 하면서 속이 뉘엿뉘엿하여 대답도 미처 못하고 한 손으로 머리를 짚고 가만히 앉아서 진정을 하노라니까 갑자기 오 주사가 온 방안이 떠나갈 듯 큰 소리로

"왜 사람이 말을 하는데 가만히 앉았어. 말이 말 같지 않아서 그래? 건방지게?"

오 주사는 흥분하여 숨소리가 씨근씨근합니다. 나는 겨우 머리를 들고

"용서하세요, 제가 오늘 저녁에는 몸이 좀 고단해서 그럽니다."

"무엇이 어째? 금세 다른 손님에게 갖은 아양을 다 부리더니 갑자기

몸이 아파? 내게는 아무렇게나 버무려 넘기면 그만인 줄 아나? 여기에 올 때는 유쾌하게 놀다 가려고 온 것이여. 너를 부른 것은 공연히 부른 것이 아니며 이 좌석 여러 사람을 다 같이 기쁘게 하기 위하여 일부러 돈을 주고 불렀어. 아주 여럿이 바로 저를 귀애하니까 뀐 듯싶어서……. 어 담부터 그 따위 버릇은 다시는 하지 말란 말이야."

하고는 좌중을 향하여 하나씩 웃습디다. 나는 금시로 속에서 무엇이 뭉클하고 올라오는 것 같습니다. 그 자리에 더 앉아 있으면 금시에 기겁을 하여 죽을 것만 같아서 벌떡 일어섰습니다. 막 문을 열고 나오려니까 무엇이 목덜미를 왈칵 잡아다가 자리에다 메칩니다. 나는 기운에 부치어 빼빼이를 한 번 돌고 자리에 고꾸라졌습니다. 나는 분하고 부끄러워 얼른 일어나 앉으려니까 그 오 주사가 손가락으로 내 아래턱을 거두면서

"방정맞은 계집 같으니라고. 하고 배워먹지도 못한 것이 이것이 다 기생이냐, 이 따위가 명월관 스타야? 누구 앞이라고 포달[2]을 부리고 나가 응?"

하고 또다시 턱 밑을 거듭니다.

나는 이때 내 귀에서 금시로 폭포가 내려 쏟아지는 듯 귀가 울고 내 눈 앞에서는 바닷물이 산을 삼키고 큰 나무가 바람에 불려 가지가 꺾어지고 뿌리가 뽑히며 산꼭대기에서 바윗돌이 굴러 떨어지는 것 같습니다. 나는 호흡이 막히고 사지가 꿋꿋하여지는 것을 느꼈습니다. 아마 그것이 지독한 히스테리인 모양이에요. 나는 이를 부드득 갈면서

2 암상이 나서 악을 쓰고 함부로 욕을 하며 대드는 일.

"무엇이 어째? 이 건방진 자식아, 누구에게다 주정을 하여?"
하고 오른손을 들어 오 주사의 뺨을 힘껏 갈겼습니다. 그러나 그 손은 오 주사의 억센 주먹 안에 들고 말았습니다. 그 대신 내 얼굴에는 오 주사의 거센 손바닥이 두세 번 지나갔습니다. 나는 힘을 다하여 내 한 손을 빼어 가지고 곁에 있는 술주전자를 들고서 힘껏 오 주사의 머리를 때렸습니다. 이때 여러 사람들이 나를 말리는 모양입니다. 나는 귓전에

"산호주가 미쳤구나."
하는 동무의 목소리를 들었습니다. 나는 그 순간 말할 수 없는 쾌감을 느꼈습니다. 과연 나는 미치고 말았으면 하는 생각을 하루에도 몇십 번이나 하였던지요. 스스로 내 목숨을 잘라버릴 용기가 없는 나는 차라리 내 감정과 관계없는 생활을 하고 싶었습니다. 미쳐 가지고 모든 고통을 잊었으면 미쳐 가지고 하고 싶은 말과 가슴에 서린 분풀이를 실컷 하고 말았으면 하는 공상에 몇 번이나 취하였던지요. 나는 오늘 그러한 내 욕망을 이루는구나 하는 생각이 몹시도 나를 유쾌하게 만들었습니다. 나는 그때 흐르는 코피를 수건으로 씻고 있는 오 주사를 쳐다보고 빙긋 웃었습니다. 오 주사는 다시

"저년이 미쳤어."
하고 다리를 번쩍 들어 나의 가슴을 차려 합니다. 나는 맹호처럼 그 다리에 매달렸습니다. 물고 꼬집고 쥐어뜯었습니다. 마치 이십삼 년 동안 나를 못 견디게 굴고 나의 자유를 빼앗고 나의 건강을 짓밟고 나의 고운 몸에다 더러운 병균을 집어다 넣은 그 흉악한 대상이 지금이 오 주사인 것 같았습니다. 오 주사는 나의 멱살을 잡고 아래층으로 내려왔습니다. 여러 사람이 말리면 말릴수록 나의 전신은 시뻘건 불덩어리가 이글이

글 하는 듯 평일에 없던 용기가 백배가 더 났습니다. 나는 찻종이고 그릇이고 과일이고 간에 내 손에 잡히는 대로 오 주사를 때렸습니다. 누가 불러왔는지 순사가 와서 나를 데리고 구경꾼을 헤치고 밖으로 나갔습니다.

×

내가 주인마누라에게 안동이 되어 명월관으로 돌아온 지는 새벽 세 시가 훨씬 넘어 □은 여름밤은 벌써 새려하는 때였습니다. 나는 나무둥치처럼 아무 감각이 없는 몸을 끌고 어제 저녁에 내 손으로 펴놓았던 그 자리에 가서 누워 버렸습니다. 시간이 얼마나 되었는지 보이가 무엇이라고 지껄이는 바람에 눈을 떠 보니 저녁노을이 서창에 붉게 타고 있었습니다. 나는 머리맡에 있는 명함을 집어 들었습니다.

'오늘 저녁에 가리니 만나주기를 바랍니다. 옛날의 형[3] 허윤숙, 최순애 아우에게.'

나는 참으로 놀랬습니다. 잊어버린 지 오래되는 옛날의 벗 허윤숙이로부터 또한 거의 잊혀져가는 나의 옛 이름 순애를 불리우는 것이 돌아가신 어머니를 만난 것처럼 몹시도 반갑고 서러웠습니다. 나는 혼자서

"최순애, 최순애."

---

3 언니.

하고 연거푸 불러보았습니다.

눈물이 줄줄 흘러서 베개를 적시는데 추억의 줄은 8년 전 옛날로 달리고 있습니다.

8년 전 내가 C여학교 3년급 때입니다. H예배당 장로인 내 아버지가 K라는 서양부인의 어학 교사로서 얼마 안 되는 수입을 가지고 우리 남매와 계모까지 네 식구가 먹고 살았겠다. 그 K부인의 주선으로 나는 C여학교의 수강생이 된 것이다. 그해 허윤숙이라는 상급생과 사랑하는 형제를 맺어 가지고 나도 남들이 하는 것처럼 선물을 몹시 보내고 싶어서 K모 부인의 돈 십 원을 훔친 것이 그만 발각이 되었겠다.

'아아, 그때 끝까지 모른다고만 하였더라면…….'

그러나 나는 너무나 어리석어서 김 선생의 울면서 드리는 그 기도, 그리고 내게다

"네 영혼을 구원하기 위하여 자백을 하여라. 회개하는 마음으로 자백만 한다면 예수께서 너를 사하실 것이 아니냐? 그러면 학교에서도 너를 용서할 생각이다."

라는 꿀 같은 거짓말에 나는 그만 자백을 하여 버렸지. 그날로 학교에서 쫓겨 나온 나는 나 때문에 명예와 직업을 한꺼번에 잃어버린 아버지를 대신하여 네 식구의 주림을 등에 지고 직업을 얻으려 가두[4]로 헤매는 몸이 되었겠다.

그러나 도둑질하여 출학 맞았다는 낙인이 찍혀 있는 나에게는 아무런 취직의 문이 열리지 아니하였다. 그리하여 나는 최후로 여자라는 특

---

4 도시의 길거리.

권 밑에서 이 구렁으로 들어오고 만 것이다.

아아 그만하여도 짓밟힌 8년의 세월이 □□□처럼 몰고 말았구나. 8년 전 이 몸은 얼마나 깨끗하고 빛나는 희망과 자랑을 가득히 싣고 있었던고. 그러나 지금의 나? 나는 생각의 나래가 현실로 돌아올 때 악몽에 놀란 사람처럼 진저리를 치면서 일어났습니다. 미국서 일전에 돌아왔다고 신문에서 사진까지 내어 떠들던 그 허윤숙이가 나같이 버림을 받은 여자를 찾아 무엇하려노? 정말 올까? 무엇하러?

그러나 나는 경대 앞에서 바쁘게 얼굴과 머리에 손질을 하였습니다. 전등이 켜졌습니다.

"바로 이 방입니다. 다른 사람은 없습니다."

보이의 목소리가 들리면서 문이 스르르 열립니다. 거기에는 8년 전 그때보다도 훨씬 노숙하여진 허윤숙 그가 아무 말도 없이 나를 들여다보고 섰습니다. 나는 일부러 침착하여

"하실 말씀이 있거든 들어오시지요."

하면서 웃어 보였습니다. 윤숙이는 참을 수 없는 듯이 달려들어 내 목을 안고 울면서

"순애 이게 웬일이요? 그래 엊저녁에 과히 다친 데나 없우? 나하고 병원으로 가요."

"나는 자유로 외출을 못한답니다. 주인의 승낙 없이는……."

이렇게 대답을 한 나는 설움이 북받쳐서 그 가슴에 기댄 채 소리를 내어 울었습니다. 윤숙이는 자기 뺨을 내 얼굴에 대이며

"순애, 울지 말어. 너는 이제부터 자유의 몸이다. 주인이 청하는 대로 삼백 원을 지금 막 치루었다. 보아라, 이게 영수증이다."

나는 그의 손에서 착착 접은 종잇조각을 내 눈으로 읽기까지는 도무지 윤숙의 말을 믿을 수가 없었습니다. 그러나 한 시간 안에 우리를 실은 자동차가 가회동에 있는 윤숙이의 집 앞에 도착하였습니다. 꿈에서 꿈을 보는 듯한 그 밤은 윤숙이와 이야기로 세웠습니다.

"언니가 어떻게 그리로 절 데리러 오셨어요?"

"얘 내가 귀국하자 바로 네 소식을 알아보았지. 네가 그러한 곳에 있다는 말을 들은 그날부터 너를 구해 내려고 결심하였단다. 혹시 그 집 앞을 지날 적에는 행여나 하고 유심히 그 집을 쳐다보고 다녔지. 어제 저녁에는 먼저 학교 선생들하고 한강 뱃놀이를 하고 늦게야 돌아오는 길에 네가 어떤 사람과 그렇게 싸우고 있더구나. 나는 어젯밤 뜬눈으로 너를 데려올 생각만 하다가 결국 학교로 가서 여러 가지로 간청해서 돈을 구변하여 가지고 그리로 간 것이다."

"언니, 그건 그렇고 내가 C학교에서 쫓겨나오던 날 내가 언니 있는 방을 돌아다보고 또 돌아다보고 걸어 나온 것을 아셨어요?"

"얘, 말 말아. 그날 나는 하루 종일 사층 꼭대기에서 울었단다. 눈이 퉁퉁 부어서 식당에도 못 가고 네게 이제 하는 말이다마는 네가 그 실수를 한 뒤에 학교에서는 출학을 결정했다는 말을 듣고 돈 십 원을 가지고 민 교감에게로 안 갔더냐. 막무가내더구나. 마지막에 나는 '그렇다면 예수가 죄인을 위하여 죽었단 말을 어떻게 믿을 수가 있습니까? 만약 예수가 참말 회개하는 자를 구원하신다면 학교니까 그 애를 용서하는 것이 마땅한 줄로 압니다.' 이렇게 지르니까 민 교감은 뿌린 씨는 자기가 거둬야 된다느니, 하나님은 영혼을 구원하여 주시되 육신으로는 죗값을 갚아야 한다는 등 하나님은 자비하시지만 또한 공평한 하나님이

시라는 등, 자기 웅변에 취하여 이러한 설교를 한참 하고 끝으로 너는 학교 당국에서 하는 일에 입을 벌리지 마라 하는 최후의 명령을 하지 않느냐. 나는 어처구니가 없어서 그냥 내 방으로 돌아오고 말았단다."

밖에서는 닭들이 홰치는데 동창이 훤한 것을 보고 우리는 새로이 잠이 들었습니다. 윤숙이는 시내 R학교 가정과 담임선생이라 의례히 궁전 같은 R학교 기숙사로 들어갈 것이로되, 그러지 않고 그는 근 십 년을 외국에서 지나고 보니 조선 정조가 그리워서 □□□ 조그마한 집을 하나 사가지고 시골 계신 혼자된 고모님을 모셔다가 아주 간단한 살림을 하고 있었습니다. 아침 밥상이 나간 후 윤숙이는 나를 보고

"순애, 나는 지금 학교로 가니까 종일 누워서 좀 쉬어요. 이제부터는 몸조리도 하고 정신도 수양하도록 하자. 심심하거든 책이나 보고."

하고 그는 총총히 나갔습니다.

나는 그날 하루 종일 마치 첫 방학에 집에 돌아온 학생처럼 몹시도 상기되었습니다. 윤숙이 고모님이 들고 앉아 있는 저고리도 같이 거들고 마루도 닦아 보고 책상 앞에 앉아 글도 써 보았습니다. 내가 이렇게 자유의 몸이 되어 돌아온 것을 아버지가 보았으면 오죽이나 기뻐하실까 생각하니 이태 전에 돌아가신 부친이 새로이 그리워 눈물이 흘렀습니다. 하학이 되어 종종걸음으로 돌아오는 윤숙이를 내 역시 버선발로 뛰어나가 맞았습니다. 이렇게 □□ 같은 기분으로 삼사 일을 보냈습니다. 윤숙이가 학교에 간 후면 나는 윤숙이 고모를 따라 부엌에 내려가 보기도 하며 바늘도 쥐어 보기도 하나 긴긴 하루를 보내기에는 너무도 지루하였습니다. 책장에 있는 책을 이것저것 빼어 보았으나 모두가 나에게는 소경 단청[5]인 서양 말이오 성경 같은 조선말로 된 것도 있으나 아무

런 흥미를 느끼지 못했습니다. 나는 갑자기 담배 생각이 납니다. 윤숙이 고모는 담배를 피우지 않는 모양이라 집안에 담배는 보이지 않습니다. 나는 윤숙이에게 미안한 줄도 알면서 주머니 속에 있는 푼돈을 가지고 '가이사' 한 갑을 사가지고 와서 거푸 두 개를 피웠습니다. 어느 날 저녁 윤숙이는 나를 보고

"순애 너 담배 먹지?"

나는 대답 대신으로 빙긋 웃었습니다.

"얘야 아서라. 너는 모든 과거를 짓밟아버려야 한다. 말살해 버려라. 흑암의 생활에서 지내온 것은 흉내라도 내지 말아라, 응? 정 무엇하면 인단이라도 씹어보렴."

윤숙의 말은 간절하였습니다. 나는 다시는 안 피우리라고 약속을 하였습니다. 그러나 그 다음날 또 그 다음날 닥쳐오는 담배의 유혹은 드디어 나로 하여금 윤숙이의 눈을 피하여 흡연하도록 만들었습니다. 그뿐만 아닙니다. 내가 명월관에서 나온 후 얼마동안 기분 전환으로 잠깐 잊어버렸던 모르핀의 악습이 다시 나를 찾아오는 것입니다. 나는 이것만은 어떻게 해서라도 이겨보려고 하였습니다. 윤숙 언니께 미안하다는 것보다도 내 자신이 이것 때문에 파멸될 줄을 잘 안 까닭입니다. 그러나 내 힘으로 이것을 단념하기에는 너무도 깊이 중독이 되어 있었습니다.

하루는 윤숙이가 학교에 가고 없는 틈을 타서 나는 상자를 열고 약병과 침을 꺼냈습니다. 나는 전처럼 내 손으로 찌른 후에 약병과 침을 상

5 소경 단청 구경하기. 보아도 이해하지 못할 것을 본다는 뜻.

자에 도로 갔다 넣고 안방에 누워서 유쾌한 낮잠을 잤습니다. 이것이 도화선으로 나는 거의 날마다 빼지 않고 이것을 하였습니다. 사실 나는 나대로 윤숙이를 향하여 마음속으로

'형님 당신은 어쩌면 그렇게 깨끗하고 고상한 인격자입니까? 그러나 당신이 모처럼 구해다 놓은 나는 이 꼴입니다. 나는 어쩌면 구원을 얻을까요.'

이렇게 부르짖은 것이 한두 번이 아니었습니다. 그러나 윤숙이의 말대로 새로운 생활을 하지만 과연 그 새로운 생활의 목표가 무엇인지 나는 몰랐습니다. 기린 같은 숙녀의 생활은 나에게는 너무나 거리가 멀고 참회하는 여승의 감정을 갖기에는 내 정서가 너무 말라 버렸습니다. 하루는 전처럼 문을 닫고서 침을 꺼냈습니다. 왼편 팔에서 막 침을 빼려니까 문이 벌컥 열리며 날카로운 윤숙이의 목소리가 들립니다.

"애 순애야, 이게 무슨 짓이냐? 네가 이렇게까지 타락하였단 말이야?"

그는 며칠 전부터 나의 이상한 행동에 눈치를 챈 것입니다. 그래서 이날은 일부러 학교에 가는 척하고 나갔다가 들어온 것입니다. 나는 천연스럽게

"형님 글쎄 나는 이렇답니다. 형님이 암만 나를 옛날 순애로 만들려고 하여도 헛고생입니다. 내버려 두세요. 나 같은 년이야 죽든 살든……."

나는 이렇게 부르짖고서 약병과 침을 한편에다 밀어 버리고 그대로 누워 잠이 들었습니다. 그 후로 나는 윤숙이의 우울한 얼굴을 볼 때마다

'아무렇게나 되어가는 대로 되어라.'

내 마음에는 이러한 자포가 생기게 되었습니다. 나는 그때부터 윤숙이 보는 데서도 궐련[6]을 뻑뻑 빨았습니다. 그럴 때에는 윤숙이는 그저

면 산만 바라볼 뿐이었습니다. 하루 저녁은 윤숙이가 나를 조용히 불러다 놓고

"애 순애야, 네가 원 그렇게 내 속을 몰라주니? 내가 그 저녁에 너의 당하는 그 광경을 보고서는 내가 너를 그 몹쓸 곳에 쓸어 넣어가지고 네게다 갖은 모욕과 학대를 당하게 한 것만 같았구나. 그래 밤새도록 잠 한잠 못자고 생각하면 생각할수록 너를 구원하기 전에는 이 큰 죄를 벗어날 길이 없는 것 같더라. 내게 있는 모든 것을 받쳐 너를 구원할 정성이 없으면 내 신앙은 헛것이다. 하나님의 뜻은 아흔아홉 마리 양 보다 잃어버린 한 마리의 양을 찾는 데 있다. 지금이라도 너를 기다리고 있는 하나님 앞에 나가자……."

그는 이렇게 목 메인 소리로 기도하기를 권하였습니다. 나는 이렇게까지 고마운 그이의 말을 저버릴 수가 없어서 그날 저녁부터 기도를 시작하였습니다. 그러나 기도를 드리기에는 내 정신은 너무도 산만하고 피곤하였습니다. 십여 년 전에 하던 입버릇으로 기도라고 중얼거리면 그것은 마치 내 자신의 귀에 막대기로 시멘트 바닥을 때리는 것 같이 반응이나 감흥이 일어나지 않았습니다. 나는 할 수 없이 아이들의 숨바꼭질 장난 같은 기도를 그만 두고 말았습니다.

그 후 어느 날 윤숙이는 강제로 약병과 침을 감추어 버렸습니다. 나는 주사 맞을 시간이 되었습니다. 전신에 경련이 일고 등이 터지는 것 같고 사지가 오그라드는 것 같습니다. 나는 체면도 염치도 다 달아났습니다.

6 얇은 종이로 말아놓은 담배.

"여보 댁 더러 누가 날 이리로 데려 오랍디까? 이 꼴을 보니까 재미있지요? 지렁이는 수채 구멍이 좋지요, 나는 갑니다."
하고 밖으로 뛰어 나갔습니다. 윤숙이는 버선발로 따라 나와 빌듯이 나를 달래가지고 방으로 데리고 가서 침과 약병을 내어 줍니다. 나는 그것으로 아무 데고 간에 막 찔렀습니다. 그리고는 또 잠이 들었지요. 윤숙이 얼굴에는 차츰 실망의 빛이 떠돌았습니다. 일요일이면 반드시 윤숙이와 같이 가던 교회 참석도

"예배당에 가면 모다 나보다 잘나고 행복스러워 보이는 것이 불쾌하여 어데 앉을 수가 있어야지."

이러한 관계로 교회 출석도 겨우 석 달 후에 중지하여 버렸습니다. 나는 차차로 지나간 생애를 돌아보게 되었습니다. 암흑의 천지, 아무 거리낌 없는 방종한 쾌락, 짓밟히고 농락을 받는 그 씁쓸하고 달콤한 환락의 밤이 그리워집니다. 내 눈앞에는 술이 붉어진 사나이들의 눈과 눈, 힘센 팔, 허덕이는 숨소리, 푸르고 붉은 술잔, 새 장구 소리에 맞혀 나오는 '좋다' 하는 소리가 귀에 들리고 눈에 어른거립니다. 나는 몸서리를 치면서 할 수 없는 내 운명을 저주하였습니다.

×

이러는 동안에 어느덧 가을도 깊어졌습니다. 내 생애에 일대 전환은 이로부터 시작됩니다. 일본서 돌아온 윤숙이의 애인 윤정섭이라는 청년이 이 집에 출입한 뒤로 내 앞에 새로운 세계가 전개되었습니다. 윤숙이와 윤 씨는 만나기만 하면 무엇인지 토론을 합니다. 어떤 때에는

두 사람이 얼굴이 벌겋게 되어가지고 제법 참말로 성들이 나서 씨근거리는 때도 있었습니다. 나는 자세히는 모르나 윤의 말이 옳은 것 같습니다. 그중에도 내 귀에 처음 들린 것은 반동 분자니, 소비에트 5개년 계획이니, 남녀의 기회 균등이니 하는 문자입니다.

이러한 말을 섞어 가지고 열렬하게 설명하는 윤의 말은 나의 호기심을 극도로 끌었습니다. 나는 옆으로 때때로 질문을 하면 윤은 나에게 되도록 알아듣기 쉽게 설명을 합니다. 나는 웬일인지 들어도 들어도 언제나 더 듣고 싶었습니다. 그의 빛나는 두 눈, 시원한 이마, 남성을 대표하는 □□□ 음성을 통하여 나오는 새로운 진리는 나의 가슴에다 연모의 불길을 일으켰습니다. 오래 말라버린 흙에 봄비가 내리고 그 속에 숨어 있던 움들이 돋아나오는 것처럼 마르고 비틀어진 내 마음속에 새로운 생기가 약동하였습니다. 윤은 이따금 잡지도 갖다 주고 내가 볼 만한 서적도 가져왔습니다. 물론 어려운 대목은 언제나 그가 친절히 가르쳐 주었습니다. 나는 읽고 배우고 생각하는 동안에 차차로 나의 인생관에 혁명[7]이 일어나기 시작하였습니다. 이리하여 제법 나는 사회 운동에 대한 동경을 갖게까지 되었습니다. 하루는 윤이 커다란 꾸러미를 가지고 들어와서 '수고시킬 일'이라 하면서 꺼내는 것은 등사판과 종이 뭉텅이였습니다. 그것은 어떤 도동야학의 강의[8]였습니다. 윤은 나에게 등사하는 법을 가르쳐준 후에 내일 이맘때 찾으러 올 터이니 힘대로 해보라 하고 돌아갔습니다. 나는 전력을 다하여 등사한 것이 그 이튿날

7 원문에는 '혁명'으로 되어 있으나 단행본(「망명녀」, 『김말봉의 문학과 사회』 : 이하 동일)에는 '희망'으로 순화되어 있음.

8 원문에는 '도동야학의 강의'로 되어 있으나 단행본에는 '토론회 기록'으로 되어 있음.

윤이 찾으러 올 때에는 이천 장[9]이 넘었습니다. 그렇게 심심하고 그렇게 지루하던 한 달이 이제부터는 잠자는 것까지도 아까울 만큼 바쁜 한 날 한날로 변하였습니다. 나는 날마다 읽고 생각하고 묻고 쓰고 그리고 윤의 시키는 일을 하였습니다. 이상한 것은 나는 그 사이 담배 먹을 생각을 잊어버린 것입니다. 그러나 모르핀만은 아직도 어느 정도까지 미련을 가지고 있었습니다.

밖에는 눈이 펄펄 날리는데 윤이 왔습니다. 윤숙이는 동기 방학이 되어 시골로 내려가고 없는 날입니다. 나는 전처럼 독서에 열중하여 윤이 들어오는 것도 몰랐습니다.

그는 방으로 들어와서 화로에다 손을 쬐었습니다. 언제 보아도 씩씩하고 반가운 그이였습니다. 우리는 화로를 가운데 두고 마주 앉았건만 오늘은 피차에 할 말이 없는 듯 제각기 책장만 넘기고 있었습니다. 장 속에서 밤을 꺼내어 화로에 넣었습니다. 그때입니다. 윤은 보던 책을 놓고서 나의 오른손을 그의 큼직한 두 손으로 꼭 쥐면서

"순애 씨! 나는 당신처럼 열정[10] 있는 이는 처음 보았어요."

하지 않겠습니까. 나는 전신에 전기가 통하는 것처럼 경련이 일어나기 시작하였습니다. 그의 손을 통하여 그의 가슴 속에 가득한 거룩한 불길이 나의 심장으로 들어와서 온몸의 혈관을 태우고 근육을 불사르는 듯한 고통에 근사한 쾌감을 느꼈습니다. 나는 무슨 말을 하여야 좋을지 몰라서 그를 쳐다보기만 하였습니다. 그의 눈은 타는 듯 빛나고 입술은 □□ 떨렸습니다.

---

9 원문에는 '이천 장'으로, 단행본에는 '일흔 장'으로 되어 있음.
10 원문에는 '열정'으로 단행본에는 '인정'으로 되어 있음.

"순애 씨! 당신은 나의 동지가 되어 주시렵니까? 인류를 위하여 참된 일꾼으로."

"선생님은 윤숙 씨가 있지 않습니까?"

겨우 나는 이렇게 말을 하니까 윤은

"윤숙 씨, 윤숙 씨 말입니까? 그는 나의 애인인지는 모릅니다마는 동지는 아닙니다. 주의主義가 다른 그와 나는 피차가 슬픈 애인이외다. 언제나 서로 만족치 못하는 사랑에서 허덕이고 있습니다. 순애 씨! 당신은 윤숙 씨가 가지지 못한 모든 것을 가졌습니다. 당신은 나의 동지가 되어 주시오. 윤숙이가 이해하지 못하는 동지의 사랑을 받아 주시오. 같이 일하다가 같이 죽을 수 있는 동지는 애인보다도 오히려 더 가깝다고 할 수 있지 않은가요?"

나는 떨리는 목소리를 겨우 다듬어 가지고

"그렇지만 저는 무식하고 또……."

"상관없습니다. 아는 것은 순애 씨가 지금의 열심대로만 나간다면 일 년 안에 조선에 어떠한 여류 운동가에게 지지 않을 사회 운동에 대한 지식을 얻을 것입니다. 그보다도 정신이여요, 마음이여요. 내 말을 알아듣겠지요. 새로운 사회를 가장 바른 사회를 건설하기 위하여 순애 씨도 힘을 다할 마음은 있겠지요?"

"네, 그야 물론입니다."

이때 윤의 뜨거운 입술이 나의 이마에 대었습니다. 나는 눈물을 안 보려고 고개를 숙였습니다.

"선생님 그렇지만 저는 □□의 빈생을 가진 여자에요."[11]

눈물이 떨어져 윤의 손등과 나의 손을 적시었습니다.

“순애 씨! 그러기에 말입니다. 피가 나도록 경험의 실감을 가진 당신 같은 이라야 제일선에 나설 자격이 있습니다. 대중은 전 세계의 무산대중은 기분 향락자, 관념의 세계에서 머물고 있는 위선가에게는 너무도 지쳤습니다.[12] 순애 씨 당신이 가진 그 체험이야말로 값 주고 살 수 없는 보배입니다. 자, 내게 약속해 주세요. 나의 사랑하는 동지가 되겠다는…….”

“선생님의 지도만 믿겠습니다.”

그와 나는 손과 손을 힘껏 잡았습니다. 사실 나는 그 순간부터 모든 것이 변하고 말았습니다. 목사의 설교보다도 윤숙 언니의 기도보다도 윤정섭 씨의 키스와 동지애가 나의 생명에다 새로운 힘을 그었습니다. 이때로부터 나는 어떠한 잘난 여자보다도 자신이 값이 있는 것을 알았습니다. 나는 윤 씨를 통하여 □□□□□□ 얻었습니다. 이로부터 나는 결코 고독하거나 비굴하거나 자포할 까닭이 없습니다. 윤이 돌아간 뒤에 나는 모르핀 약통과 침을 종이에다 싸가지고 아궁이에 넣어 버렸습니다. 나에게는 날마다 즐거운 아침이 오고 희망의 밤이 갔습니다.[13]

일주일 후에 개학이 되어 윤숙이는 상경하였습니다. 근본으로 변한 나의 태도에 그는 여간 놀라지 않는 모양입니다. 자기가 나를 구원하겠다는 처음 목적이 이루어진 것이 무척 기쁜 모양입니다. 그러나 그는 총명한 여자입니다. 윤과 내 사이에 일어난 변화를 그가 어찌 모르겠습니까. 그의 입에는 씁쓸한 미소가 떠올랐습니다. 그리고 이따금씩 들리

---

11 단행본에는 이 문장이 생략되어 있음.

12 단행본에서는 ‘대중은~지쳤습니다’까지 누락되어 있음.

13 단행본에서는 ‘이때부터~갔습니다’까지 누락되어 있음.

는 가느다란 한숨 소리가 나의 가슴을 아프게 하였습니다. 나는 차라리 모든 것을 윤숙에게 고백을 하고 말까 하다가 차마 입을 떼지 못하고 망설이고만 있는 판에 어느 날 윤과 윤숙이가 같이 들어옵니다. 쾌활하게 웃으며 이야기하는 윤숙이는 어딘지 조금 허둥거리는 빛이 보였습니다. 그날 저녁 우리는 셋이서 같이 저녁을 먹었습니다.

"이 다음 두 분이 살림을 하시는데 내가 놀러가도 이렇게 같이 먹겠지?"

윤숙이는 웃으며 이러한 말을 불쑥합니다.

"아이구 언니도 별 말을 다 하시네. 언니 애인이 누구와 살림을 하여요? 원 참……."

나는 이렇게밖에 말을 할 수가 없었습니다.

"무얼 요 거짓말쟁이 같으니라고. 윤과 이야기 다 되었어. 어떻든지 축하한다."

"언니 그래도 나는 윤 선생님의 동지여요, 언니는 애인이고. 그렇지요 윤 선생님."

윤은 고개를 끄덕이며

"암, 그렇지요."

그 후부터 나는 부지 중 윤숙의 눈치를 살피게 되었습니다. 윤숙이는 가끔 무엇을 생각하는 듯 우울한 표정이 나타났습니다. 한번은 윤숙이가 몸이 아프다고 학교를 이틀이나 결석을 하고 누었다가 일어나는 날 그는 창백한 얼굴에 미소를 띠어 가지고

"순애! 너 윤하고 정식으로 결혼을 하게 되더라도 너든지 윤이든지 별로 이의는 없으리라."

이러한 명령 비슷한 말을 듣고 나는

"그렇다면 언니는 그이를 사랑하지 않는단 말입니까?"

이렇게 물었습니다.

"나 말이냐? 응! 나도 그이를 사랑한다. 하지만 너도 알다시피 우리는 피차 불행한 애인이다. 차라리 근본적으로 매듭을 짓는 것이 우리 세 사람을 위하여 좋은 일인 줄 안다. □□□ 윤과 주의주장이 꼭 같았더라면 하기야 윤의 마음이 네게로 갔겠느냐. 그러나 이렇게 것은 면치 못할 운명이다. 그렇다고 그에게 대한 미련이 없는 것은 아니다. 네가 그와 교제한 뒤로 너의 성격이 일변하게 된 것을 볼 때 나는 오히려 즐겁게 그만한 고통을 이길 수 있다."

나는 뭐라고 대답을 하여야 좋을지 몰라서 소곳하고 앉았노라니

"순애야 너만 이전 순애가 되어 준다면 내게는 그 이상 더 기쁜 것이 없겠다. 네가 윤과 결혼하는 것이 하나님의 뜻인 상도 싶다."

나는

"글쎄요."

하고 감히 대답을 못하였습니다. 이때 밖에서 내 이름으로 편지 한 장이 배달되었습니다. 발송인의 이름은 없으나 뜯어보니 속에는 윤에게 온 동지의 편지였습니다. 나는 벌써 동지의 한 사람으로 대우를 받고 있는 것이 몹시도 기뻤습니다. 그날 저녁에 윤은 마침내 동지들이 사용하는 암호를 나에게 가르쳐 주었습니다. 나는 귀중한 보물을 대한 사람처럼 흥분하여 깊은 잠을 못 이루었습니다.

얼마 후에 윤숙이의 주장으로 윤과 나의 혼인 날짜는 마침내 정하여졌습니다. 잊을 수 없는 2월 19일 7시 반으로! 나는 나이 어린 처녀처럼 즐거움에 가슴이 울렁거렸습니다. 그러나 나는 때때로 불안한 생각이

지나갑니다. 나를 그 흉악한 구렁에서 건져 낸 은인에게 머리를 베어 신이라도 삼아 받쳐야 할 윤숙이에게 이렇게 쓴 잔으로 갚아야 되는가 어디 남자가 없어서 하필 윤숙이의 애인을 빼앗게 되는고…….

윤숙이가 이따금씩 히스테리컬하게 웃고는 한숨을 쉬는 것을 볼 때에 나의 가슴은 소금에 절이는 듯 몹시도 괴로웠습니다. 이윽고 혼인날이 당도하였습니다. 동천이 훤하도록 나는 여러 가지 생각에 거의 뜬눈으로 새웠습니다. 나같이 더럽혀지고 가엾은 시체 같은 몸이 윤 선생님 같이 높고 깨끗한 어른의 배우자가 된다는 것은 너무도 부자연하지 않는가, 과연 이것이 참이냐 꿈이냐, 오냐 지나간 나는 영원히 매장하여 버리고 이로써 새로운 생활의 용사가 되자. 나는 이렇게 스스로 맹세를 하고 자리에서 일어났습니다. 그날 아침에 또다시 소포와 편지가 배달되었습니다. 저녁때가 되어서 윤은 적이 침울한 표정으로 들어왔습니다.

"내게 소포 온 것이 있지요?"

"네 있어요. 아침나절에 왔던데요."

하며 편지와 함께 내어주었습니다. 윤숙이도 밖에서 들어오며

"벌써 전등이 왔는데 세수도 하고 옷도 갈아입어야지. 조금 있으면 자동차도 올 것이다. 식도원에서는 준비가 다 된 모양이더라."

"신랑 신부야 무엇 합니까? 그저 시키는 대로 합지요."

윤은 이렇게 대답을 한 후에 나를 보고

"그런 일은 없겠지만 혼인하는 즉시로 신랑이 죽는다든지 감옥에 간다면 순애 씨는 혼자서라도 넉넉히 싸워 갈 수가 있을까요?"

나는 웃으며

"글쎄요."

하니까

"글쎄가 아니라 전선에 나선 사람이 그만한 각오는 있어야지."

그의 얼굴은 엄숙하였습니다.

"그것은 벌써 동지로 약속하던 날부터 내 마음속에 가진 맹세입니다 선생님."

하고 이번에는 웃지 않고 이렇게 대답하였습니다. 윤은 감격한 듯이 손을 내밀었습니다. 나도 손을 내어 그의 손을 쥐었습니다. 동지와 ××를 하고 모험을 하고 그리고 고문대에서 지독한 고문에도 꼼짝하지 않고 끝까지 입을 다물고 순사殉死[14]하는 나의 환상에 나는 스스로 잠깐 동안 도취하였습니다. 내가 밖으로 나가려고 일어설 때 윤이 편지를 열었습니다. 나는 장난꾸러기 심사로 어깨 너머로 슬그머니 넘어다보았습니다. 그 편지는 간단한 무슨 부탁인데 사연은 다음과 같습니다.

'부탁하신 모포 두 개를 보냅니다. 한 개는 2월 21일에 동소문 밖으로 가서 저의 조카에게 전하여주시옵.'

그러나 나는 글자와 글자 사이에 있는 적은 점을 보았습니다. 내가 윤에게 배운 대로 한다면 그것은 암호였습니다.

'동경서 온 ××××이 모포 속에 있으니 2월 21일에 ××을 ××에 가서 미리 기다리고 있는 동지에게 전하란 것입니다.'

나는 밖으로 나와서 세수를 하면서 생각을 하니 2월 21일이라면 내일 모레가 아니냐. 옳다. 정섭 씨의 하던 말이 이 뜻이었구나 하였습니다. 마음에 각오를 하였을지언정 당장 눈앞에 이러한 일이 나타나고 보니

14 나라를 위하여 목숨을 바침.

얼마쯤 가슴이 덜컹하였습니다. 그러나 번개같이 무슨 생각이 내 마음에 지나갔습니다.

'이때이다. 이 기회이다. 나도 사람이다.'

심장이 터질 듯한 흥분에 몸과 다리는 떨렸습니다. 나는 옷을 갈아입고서 안방을 건너다보며

"언니, 나 이렇게 입은 것 좀 보아주세요. 윤 선생님 친구들이 많이 오실 텐데 부르주아 흉내 내었다고 흉이나 안볼까?"

그 사이 윤도 와이셔츠와 칼라를 매고서 대청으로 나오면서

"오! 백 퍼센트, 백 퍼센트! 오늘 저녁은 신부님이니까 그만한 것은 용서할 테지, 하하하."

나는 윤에게 눈짓을 하였습니다. 안방 책상에다 머리를 대고 있는 윤숙이는 분명히 울고 있는 것입니다. 윤도 미닫이 너머로 윤숙이의 떨리는 어깨를 바라보면서 슬픈 빛이 떠올랐습니다. 나는 윤의 등을 밀어서 윤숙이 방으로 들여보내며

"위로 좀 하여 드려요."

하고 나는 건너 방으로 갔습니다. 떨리는 손으로 담요를 헤쳐가지고 그 속에 지령을 찾아내었습니다. 나는 그것을 내가 입고 있는 바지허리를 뜯고 넣은 후에 바늘로 꿰매었습니다. 밖에서는 자동차의 경적이 울립니다. 나는 담요를 전처럼 개어서 이불 속에다 밀어 넣고 마루로 나왔습니다. 내가 안방에 들어설 때 윤숙이의 이러한 말이 귀에 들렸습니다.

"분명코 어떤 커다란 손 밑에서 인생이 나고 죽고 연애하고 결혼한다는 것이 오늘 새롭게 느껴집니다그려."

손수건으로 윤숙이의 눈물을 씻어주는 윤의 손을 잡고 윤숙이는

"자 미스터 윤."
하며 윤과 악수를 합니다.

"언니 나두. 내게도 축복하여 주어요. 난 오늘 언니와 윤 선생님 두 분이 날 새로 낳았어요. 자, 언니."
하면서 나는 그의 가슴에 기대었습니다. 윤숙이는 침을 한 번 삼키고

"내 사랑하는 순애! 길이 행복……."

그의 눈에서는 굵은 눈물방울이 줄지어 흘렀습니다. 윤도 나도 울었습니다. 나는 한 손으로 윤의 손을 잡고 한 손으로 윤숙의 손을 잡은 채

"울지 맙시다, 형님. 윤숙 형님. 오늘은 당신의 수고가 이루어지는 날입니다. 윤 선생님도 울지 마셔요."

밖에서는 자동차의 경적이 또다시 요란히 들립니다. 나는 마음이 초조하였습니다. 일곱 시 십 분, 봉천행 특급 열차는 지금 이십 분밖에 남지 않았습니다.

"자, 어서 자동차에 오르십시다. 시간이 벌써……."

내가 이렇게 독촉을 하니까 옷을 갈아입으려 일어서는 윤숙이가 웃으며

"애야, 염려마라. 늦어도 한 시간이란다."

이 말을 듣고 윤도

"혼인날에는 의례히 신부가 바빠하는 법이니까."

이렇게 놀려댑니다.

"언니, 식도원에 치를 돈은 언니 가졌수?"

"응, 여기 있어."
하면서 손가방을 들어 보입니다. 우리는 자동차에 올라 전등이 찬란한

밤거리를 지나 식도원 앞에 내렸습니다. 문에는 동지인 듯한 청년들이 들락날락하고 있습니다. 나는 바로 화장실로 들어갔습니다. 미리 준비하여 온 종이에

'윤숙 형님, 저는 형님의 참 동생이 되었습니다. 이것이 오로지 당신의 노력의 선물입니다. 이로써 내 앞에는 인류의 행복을 위하여 싸우는 문이 열리었습니다. 다시 만날 동안 길이 행복하소서. 언제나 윤을 도와주시고 그를 참으로 이해하는 동지가 되어 주실 줄로 믿습니다. 돈 백 원을 가져갑니다. 당신의 아우 순애 올림.'

'윤 선생님! 저는 끝까지 당신의 동지로 살겠나이다. 오늘 저녁을 지나고도 갈 시간이 없는 것은 아닙니다. 그러나 이왕 떠날 길이면 나의 반생의 은인 윤숙 씨를 끝까지 울리고 싶지는 않습니다. 윤숙 씨도 앞으로 반드시 당신의 동지로서 당신을 도울 날이 멀지 않을 것을 믿습니다. 동소문 밖 담요는 제가 가서 전하겠습니다. 용서하여 주십시오. 당신의 어린 동지 S.A.'

나는 이 편지를 봉하여 가지고 보이를 불렀습니다. 일 원짜리 지전 두 장을 받은 그는 이 편지를 반드시 일곱 시 삼십 분에 윤정섭 씨나 허윤숙 씨에게 전할 것을 약속하였습니다.

나는 휴게실로 들어왔습니다. 윤과 윤숙이는 손님들과 이야기하느라고 내가 무엇을 하고 있는지 모르고 있는 모양이었습니다. 나는 윤숙의 가방에서 십 원짜리 열 장을 꺼내어 품에다 넣고 현관으로 나왔습니다. 열차 시간은 불과 십 분밖에 남지 않았습니다.

"특급에 당도하도록 아무쪼록 급히 몰아주십시오."

자동차는 경적을 연발하며 전 스피드를 내었습니다. 경성역에 내린

나는 미친 사람 모양으로 봉천행 차표를 끊어 가지고 층층대를 내려갈 때 기차의 기적은 요란히 울렸습니다. 방금 움직이는 기차 승강대에 한 발을 올려놓자 기차는 제법 속력을 내어 달렸습니다.

—『중앙일보』, 1932.1.1～10.

고행苦行

오후 세 시가 되자 미자에게서 전과 같이 전화가 옵니다. 언제 들어도 명랑한 그 목소리.

"온천에? 무어? 생일? 누구 생일, 오 그래! 그럼 가 가. 글쎄 간다니까."

수화기를 턱 걸고서 나의 입가에는 아직 미소가 사라지기 전입니다. 따르르 또다시 전화가 옵니다.

"네, 네?"

이때 옆에서 누가 나를 보았다면 분명코 나의 눈은 동그래졌고 미간은 찌푸려졌을 것입니다. 전화 속에서 들리는 말은

"여보세요, 오늘 저녁 구경은 틀림없겠지요? 저녁 진지도 집에서 잡수시도록 준비가 다 됐어요."

나는 정말입니다. 미자와 일 분 전에 온천행 약속을 하였기로소니 내 아내 정희에게 두고두고 두 달이나 끌어온 활동사진 구경 갈 약속을 지금 새삼스럽게 취소할 용기가 없습니다. 오늘 아침에도 새벽 세 시에 집에 들어간 죄로 몇 번이나 오늘밤에 구경 가자고 내 입으로 말을 하였던가요. 더욱이 아침에 그 얼굴에 어린 눈물자국을 보거나 어젯밤에,

"어디 잠이 와야지요."

하던 말이나…….

나는 드디어 결심을 하였습니다.

"암 가구말구, 지금 곧 갈 테요. 우리 오늘 저녁은 천천히 같이 먹기로 합시다."

사실 나는 집에서 저녁을 먹은 지가 나흘이 넘었으니까요. 나는 미자에게 전화를 걸었습니다.

"여보 미안하지만 온천행은 취소요. 안 돼, 안 돼. 급한 손님이 있으니까, 이봐 성은 내지 말어. 응, 정말 손님야."

나는 전화를 끊고 모자를 집어 들었습니다. 오래간만에 참으로 오래간만에 집에 돌아오는 듯한 기쁨을 느끼면서 어린놈에게 줄 과자를 사고 식후에 먹을 과일까지 사 가지고 집으로 돌아왔습니다. 개선장군의 입성처럼 용감하게 대문을 들어서자 아내는 한달음에 나와서 꾸러미를 받고 모자를 받습니다. 어린놈도 좋아라고 손뼉을 치며 달려듭니다. 나는 맘속으로 어린 것에게 사과를 하면서 아이의 얼굴에 뺨을 문질러 주었습니다. 아내는 부채를 내놓고 세숫대야에 물을 떠다 놓습니다. 나는 양복저고리를 벗고 세수를 하고 나니 아내가 우물에서 수박을 꺼내옵니다. 수박 속에다 꿀과 포도주를 부어 두었던 모양으로 향기와 단맛이 여간 신선하지가 않습니다. 수박을 그릇에 옮기어 막 우리 세 식구가 먹는 판입니다. 대문이 찌걱 소리를 내면서

"형님!"

하고 들어서는 것은 미자입니다.

"어서 오우."

아내는 수박물 묻은 손을 행주치마에 씻으며 방석을 갖다 마루에 놓습니다. 나는 아내의 표정이 미자에게 어떻게 돌아가는가 살피면서 찌

무룩해서 우두커니 서있는 미자를 보고

"웬일이시우? 오래간만에."

하고 웃어 보였습니다마는 물론 미자는 나를 본 체도 아니 하고 옆에 끼고 있던 보자기를 풀면서

"형님, 이 솔기가 암만해도 맞질 않으니 어떡허우?"

무슨 양재봉 하던 것을 추켜들고 얼굴을 찌푸리기만 하고 있습니다.

"글쎄 그것은 내 해줄 터이니 걱정 말고 자 수박이나 먹어요."

아내가 그릇에다 수박을 꺼내려고 머리를 숙이는 동안 나를 건너다보는 미자의 눈에서는 파란 불똥이 튀는 듯합니다. 나는 부채를 훨렁훨렁 부치면서

"손님이 온다더니 왜 여태 안 올까?"

공연히 대문을 기웃기웃 내다보았습니다.

"내 진짓상 가져올 테니 아우님도 같이 먹어요."

하고 아내가 부엌으로 나갔습니다.

'아내가 아직도 미자의 일을 모르는구나.'

하고 가슴을 내리쓸었습니다. 그러나 미자의 작으나마 날카로운 목소리로 나의 가슴은 다시 섬뜩하여집니다.

"손님은 무슨 손님? 내가 다 알고 있는데…… 두고 보아요. 내가 당신 마누라에게 내가 당신의 무엇인지 알려주고야 말 테니."

"호호호 형님 아주 깨가 쏟아집니다그려. 그럼 내 이따 오지요."

"같이 먹자는데 왜……."

"아니 내가 왜 두 분이 맛있게 잡수실 것을 방해를 놓아요. 그럼 저녁 먹고 오리다."

아내는 마당까지 따라 나오며

"저 그런데 식후에 우리는 어디 좀 갈 데가 있어서."

"네, 그래요?"

이때 미자가 힐끗 나를 돌아다보는 모양이었으나 나는 얼른 고개를 다른 곳으로 돌린 까닭에 그의 무서운 시선을 피할 수가 있었습니다.

"호호호 아주 두 분이 잘잘 끓으시네 호호호. 나 좀 보아, 깜박 잊었군. 사이 상이 기다리고 있는데……."

혼잣말처럼 하면서 고개를 살랑살랑 흔들며 대문 밖으로 나갑니다. 나는 속으로

'큰일났구나.'

하였습니다. 조 영악한 미자가 아내의 입에서 식후에 우리 둘이서 어디로 간단 말까지 기어이 듣고 돌아갔으니…….

그 눈살 그 독살을 보아 정말로 아내에게 무슨 누설이라도 한다면? 나는 아내가 정성을 다하여 만든 반찬이언마는 어째 밥이 목구멍으로 잘 넘어가지를 않습니다.

'그보다도 그 최가 녀석이 와서 있다? 흐흥!'

먼저 수저를 놓고 방에서 바쁘게 화장하고 있는 아내더러

"그 큰일났네."

"왜요, 무슨 일이에요?"

아내는 입술에다 연지칠을 하던 손가락을 꼬부장히 한 채로 놀란 듯이 나를 내다봅니다.

"갑자기 생각이 나는구려. 내가 바로 그저께 ××회사 중역과 온천에서 만나자고 한 약속을 깜빡 잊어버리고 있었으니."

나는 아내의 얼굴을 쳐다볼 용기가 없어서 양복 주머니를 뒤져 가지고 지갑에서 십 원짜리 한 장을 꺼내어 방문턱에 놓았습니다.

"혼자라도 가보시구려. 시간 있으면 나도 나중에 갈 터이니……."

아내는 경대 앞에서 발딱 일어나더니 십 원짜리 지전을 발로 밟아서 마루 끝에다 떨어뜨리고는 부엌으로 들어가 버립니다. 아내가 이렇게 발끈 성을 내는 것을 나는 결혼한 후 처음 당하는 이만큼 무척 아니꼽기도 하고 화도 불끈 솟아올랐습니다. 나는 그걸로 엉터리나 있는 듯이

"흥, 견뎌 보아라."

입 속으로 중얼거리면서 대문을 소리가 나도록 열고 밖으로 나와 버렸습니다. 사실 그때 아내가 발끈하고 성을 낸 것이 얼마나 다행한지 모릅니다. 만약에

"정 그렇다면 할 수 있나요. 구경은 담에 하더라도 남의 회사 중역에게 실신을 하면 어떡해요."

하고 아내가 그 잘 골라선 이빨에 양 뺨에 움푹 들어가는 우물을 지으면서 방싯 웃어 주었더라면 내 어깨는 얼마나 더 무거워지고 미자에게로 가는 내 다리가 떨리지 않고 배겼겠습니까.

사실 나는 내 아내가 싫거나 밉거나 해서 미자에게 홀린 것은 아닙니다. 내 아내는 키가 호리호리하고 얼굴이 갸름하고 살빛이 희닙다. 그리고 어린아이를 둘이나 낳아도 한 번도 아내가 밉게 보인 때는 없었습니다. 그러면 왜 미자와 그렇게 되었느냐고요? 말하자면 미자의 유혹에 든 셈이지요.

미자는 속눈썹이 길고 얼굴이 약간 파름하고 머리칼이 굵고 내가 작년 가을에 회사 일로 ××에가 가서 한 달 남짓이 있는 동안 알게 된 여

자인데 물론 전신이 기생입니다.

어찌되었든 미자는 나를 쫓아와서 여기에다 집을 얻고 살림을 시작하였습니다.

미자는 가끔 농담 모양으로

"여보, 우리 정식으로 민적하고 삽시다."

"우리 마누라는 어떡하고?"

"이혼하고."

"허허허허."

"여보세요, 당신 마누라 좀 보여 주세요."

"건 왜?"

"얼마나 잘났는지 보고 싶어요."

"그래? 그럼 뵈 주지."

나 역시 농담으로 대답을 합니다. 그러나 속으로는

'아마 얼굴만은 너보다 훨씬 낫겠지.'

하는 자신이 있습니다.

하루는 미자가 가진 풍금이 탈이 났다고 걱정을 합니다. 나는 그때 내 아내가 얼마나 풍금을 잘 타며 또 그런 것을 손쉽게 고칠 수 있다는 것을 알려주고 싶은 값 헐한 허영심이 머리를 스쳐갑니다. 며칠 후 아내더러

"여보, 내게 누이동생 하나이 생겼구려."

"아아니 웬 동생이?"

"저 내 친구의 누이동생인데 이번에 내 친구가 옹기로 전근을 가거든. 그래 전근을 가면서 자기 누이동생을 내게다 맡기는구려."

"아무에게나 맡기는 누이던가요? 물건처럼……. 오죽이나 겨운 누이라 남에게 맡기겠소!"

"아니 들어봐요. 첨에 시집을 갔더라나, 속아서 갔어. 본처가 있더래. 그래 친정으로 와 있지. 이런 델 와서 참한 점방을 하나 가지든지 할 작정이래. 누이를 혼자 두기가 무엇하던지 그 오빠가 떠나던 날 밤 여러 친구들 있는 자리에서 나와 형제를 맺어 주고 갔단 말야."

"몇 살이에요?"

"당신보다 한 살 아래, 스물 셋. 당신을 보러 온다는데 부끄러운 모양이야. 여보, 친아우처럼 좀 잘 지도를 해 주구려. 좋은 곳이 있으면 재혼을 시키든지……. 재봉학교 같은 데를 들어가고 싶다는데."

"네에 그래요?"

아내의 눈에서는 적이 호기심이 떠도는 것을 나는 놓치질 않고 둘이서 미자의 집으로 갔습니다. 미자가 내놓은 커피를 마시고 아내가 미자의 풍금을 고쳐주고 그리고 우리는 집으로 돌아왔지요. 그 이튿날부터 미자는 형님 형님 하면서 우리집에 드나들게 된 것입니다.

그러나 미자가 아내에게 에이프런, 베갯잇, 책상보, 전등갓 같은 것을 배우러 매일같이 오는 동안 미자의 입에서는 아내의 흉이 하나씩 나옵니다. 너무 사치하다, 낮잠을 잘 잔다, 지저분하다, 경제적 머리가 없다는 것들입니다.

그러나 나는 미자가 어떠한 입장에서 어떠한 의미로 이런 말을 하는지를 잘 아는 까닭에 한 귀로 듣고서는 한 귀로 흘려버렸습니다. 반대로 아내는 웬일인지 미자가 가엾다는 둥 얼굴이 예쁘다는 둥 재주가 있다는 둥 칭찬이 그치지를 않습니다. 나는 천사같이 순진한 내 아내를 존경하였습니다.

그러나 언제든지 미자는 나의 육체의 소유자밖에 되지 않습니다. 심산 속에서 솟아나는 샘물과 같이 맑고 깨끗한 애정 그것만은 영원히 내 아내의 소유입니다. 내가 미자라는 물결에 이리 둥실 저리 둥실 떠도는 것 같지마는 실상인즉 내 마음의 닻은 내 아내의 사랑에서 길이 움직이지를 않습니다. 미자와 방종의 한밤을 보내고 난 뒤면 내 아내 앞에 가서 무릎을 꿇고 참회를 하고 싶도록 나의 사랑은 아내를 향하여 새로워지는 것입니다.

그 때문에 나는 미자와 같이 있는 시간을 단지 장난으로 생각을 하였습니다. 언제라도 그만둘 수 있다는 자신이 뚜렷하면서도 나는 그날그날 미자의 끄는 대로 끌려가고 있었습니다. 그러나 나는 물 쓰듯 하는 미자의 일용돈을 반년이나 대어 왔다는 것보다도 초인적인 미자의 정력에 차츰 압박을 느끼게 된 나는 이제 이 장난이 차츰 싫증이 나기 시작하였습니다. 그래서 기회를 엿보아 미자와 손을 나누려고 합니다. 그러나 이때 불행이라면 불행입니다. 뜻하지 아니한 경쟁자가 나타나서 맹렬한 기세로 미자를 손에 넣으려 하는 것을 알게 되자 슬며시 놓기 싫은 생각이 듭니다.

경쟁자라는 인물이 딴 사람이면 모르지만 학교에선 일이등을 다투고 지금 회사에서는 지위를 다투고 있는 사이라 기회만 있으면 나를 깎아 내리고 나의 인신공격을 감행하는 비열한 최가 녀석에게는 단연코 지고 싶지가 않습니다.

"참 사이 상이 기다리고 있을 텐데 나 좀 보아."

하고 미자가 한 일은 분명코 내게 도전을 의미하는 것입니다.

내가 미자의 집으로 가서 어떻게 고 얄미운 최가 녀석을 퇴치한 것은 여기서는 약하기로 하고 그날 밤 미자의 집에서 일어났던 일을 말씀드리겠습니다.

미자의 권하는 대로 나는 양복을 벗고 하오리(일본의 겉옷)를 바꾸어 입었습니다. 미자가 따라주는 대로 술을 마시기는 하지마는 아내의 힘없이 돌아서는 뒷모양이 눈에서 사라지지가 않습니다.

'너무 잔인한 놈이다. 오늘 저녁만은 같이 구경을 가주는 것인데…….'

나는 이렇게 속으로 후회를 하고 있었습니다. 미자는 나의 우울한 얼굴빛을 짐작하였던지 갖은 전법으로 나의 기분을 고치려고 애를 씁니다. 시계가 열한 시가 될 때 미자는 자리를 펴고 전등에 남빛 갓을 씌웁니다. 바로 이때입니다.

"아우님 자우?"

미자와 나는 전기에 부딪친 사람 모양으로 잠깐 동안 서로 쳐다보기만 하였습니다. 길로 난 창 밖에서 들려오는 음성은 분명코 내 아내 정희의 목소리인 까닭입니다. 창은 길에서 훨씬 높이 난 까닭에 방안의 형편을 길에서 알 리는 없지만 어쩐지 아내가 창 아래에서 엿듣고 있지나 않았던가 하는 의심이 휙 지나가자 눈앞에 전등이 핑그르르 돌아가는 듯합니다.

"아우님, 문 좀 열어 주."

한 달 전에 나와 같이 이 집에 와보고 그 사이 한 번도 온 일이 없는 아내가 하필 오늘 저녁에 놀러 올까?

필연코 오는 저녁에 같이 구경을 가주지 아니한 분풀이로 미자와 내가 노는 현장을 붙잡으려고 온 것이라 생각을 하니 당장에 아내의 모가

지를 비틀어버리고 싶도록 아내가 미운 생각이 듭니다. 그러나

"네까짓 것에게 붙들려? 어디……."

이 생각은 나뿐이 아닌 듯 미자의 얼굴에서도 심상치 않은 긴장이 보입니다.

"어디, 흥!"

미자는 코웃음을 치더니 창을 바라보고

"아이구 형님이시우? 지금 나갑니다."

하고는

"자, 빨리!"

하고 나의 어깨를 찌릅니다. 미자가 손가락으로 가리키는 곳은 방바닥에 붙어 있는 자그마한 벽장입니다. 길이가 두 자쯤 되고 높이가 한자 남짓한 열고 닫는 손잡이 문이 달려 있는 곳인데 미자는 평소에 거기다가 요강도 넣어 두고 걸레 같은 것도 던져두는 곳입니다. 나는 하오리를 입은 채 그리로 들어갔습니다. 억지로 쭈그리고 앉기는 하였지마는 두 다리 사이에 고개를 넣지 아니하면 안 될 형편입니다. 그러고 보니 호흡을 임의로 할 수가 없습니다. 그는 고사하고 밖에서 미자가 벽장문을 닫으려니 여기저기 하오리 자락이 삐죽삐죽 나오고 옷을 다 집어넣으면 문이 잘 아니 닫혀집니다.

"나와요."

미자가 가늘고 급하게 부르짖습니다. 나는 벽장에서 엉금엉금 기어 나왔습니다. 미자는 후닥닥 하오리를 벗겨 버리고 나를 알몸으로 벽장 속에다 쓸어 넣습니다. 나는 조금 전에 경험이 있는 까닭에 앉지는 않고 엎드렸습니다. 고개를 두 손으로 받치고 무릎을 꿇고.

혼자 예배당에서 경건한 신도가 꿇어 기도하는 자세를 생각하면 됩니다.

미자는 술병도 치우고 이부자리도 한편에 걷어 놓고 벽에 걸린 내 양복도 옷장 속으로 집어넣고 또 뜰아래 있는 내 구두도 감추고 혼자서 바빠서 야단입니다. 이윽고 대문이 열리면서 아내와 미자가 나란히 들어옵니다. 나는 벽장 속에서 숨이 갑갑해지는 고로 되도록 실낱만큼 틈이 난 문 곁으로 코를 대었습니다. 또 한 가지는 방안의 형편을 살피려는 목적도 있고.

"아우님은 언제나 혼자 자는구려."

아내는 미자가 권하는 대로 내가 앉았던 방석에 가 앉으며 미자를 가엾다는 듯이 쳐다봅니다.

"그럼은요. 혼자구말구요. 이제 한평생을 혼자 살 것을 호호호."

"그래도 아우님도 적당한 곳을 찾아 혼인을 해야지."

정말 아우를 생각하는 언니처럼 진정으로 동정하는 빛이 흐릅니다. 저녁 먹고 빗은 머리와 전등 아래 반사된 조선쪽이 유난히 반짝거립니다. 그의 얼굴에 조그마한 흥분이나 증오의 빛이 없는 것을 보고 나는 우선 안심을 하였습니다.

"하지만 혼자 사는 것도 편하다면 편하지."

아내는 한숨을 가늘게 쉽니다. 요사이 부쩍 늘어진 내 밤출입이 어언간 아내에게

'혼자 사는 것이 편타.'

하는 인식을 넣어 주었구나 생각을 하니 두 손바닥으로 괴고 있는 머리가 갑자기 무거워집니다.

"참 오빠허구 어디 가신다더니 잘 다녀오셨어요?"

미자는 과일 그릇에서 바나나를 집어 껍질을 벗기면서

"어디였어요? 활동사진이지요? 요사이 클레오파트라가 아주 재미있다지요?"

"응, 사진 구경이었어."

아내는 바나나를 포크로 찔러 먹으면서도 눈은 방바닥만 보고 있습니다.

"그래 오빠는 지금 집에서 주무시나요?"

"아아니, 어느 회사 중역과 온천으로 가셨어."

나는 어둠 속에서 두 손으로 얼굴을 가리었습니다.

"진작 한번 온다온다 하면서도 어디 틈이 나야지."

"아이 그러면요 오빠 시중들어, 용주 치다꺼리, 언제 짬이 있겠어요?"

"방이 아주 참한데?"

"무어, 형님네 방에 비하면 이게 방이에요? 어디 값나가는 방치장이 있나요? 어이구 형님도."

"아 왜 그래, 이 방이 어때서."

"아무튼 형님이 오신 덕택에 이 방은 아주 화려한 광채가 난 셈입니다. 형님처럼 훌륭하신 어른이 오셨으니 호호호."

"왜 이리 수선야."

아내는 어딘지 우울한 표정입니다.

"건넌 방에는 누가 들었군."

"네 외삼촌이 이사를 왔어요. 집을 짓는 동안 아마 한 달쯤 있을 게야요."

방 속의 말은 잠깐 동안 끊였습니다. 벽장 속에는 무슨 벌레가 있는

지 스멀스멀 배 가장자리로 설레기 시작합니다. 곰팡내인지 불쾌한 냄새가 코밑을 스쳐갑니다.

'어서 돌아가지 않나?'

하고 아내를 건너다보았으나 좀처럼 움직일 것 같지가 않습니다.

"나 오늘 밤 여기서 자도 좋지?"

"괜히 또 사람을 놀리시네. 왜 형님이 선화당 같은 방을 두고, 알뜰한 애인을 두시고."

"애인이라니?"

아내의 얼굴에는 약간 불쾌한 빛이 떠돕니다.

"아 참, 신랑이 아니, 영감이 계신데 왜 이런 쓸쓸한 홀어미 방에서 주무셔요?"

"그러니 내가 동무하여 아우님과 이야기나 하면서 짧은 밤을 새워 주지."

나는 이 말에 고개를 번쩍 들었습니다.

'이제는 죽었구나.'

하고 속으로 부르짖었습니다. 대체 나는 이 좁은 벽장 속에서 어떻게 하면 좋습니까. 나는 이럴 줄 알았다면 벽장 속으로 들어오지 말고 그냥 앉아서 술이나 마시고 버티어 볼 걸! 그러지 않아도 팔꿈치가 저리고 무릎이 저리는 중인데 저 말을 듣고 보니 금시로 다리팔이 부러질 듯이 아파 오고 퀴퀴한 냄새가 코를 찌릅니다.

"형님 괜히 그러시지! 오래 있다가 가면 오빠가 돌아오셔서 성이나 내시면 어쩌려고."

"아아냐 괜찮아요. 오늘 저녁에는 안 돌아오신다고 가셨어. 아우님이 정 불편하다면 난 가도 괜찮아."

"아아니 전 염려 마셔요. 늘 이렇게 혼자만 자니까요."

나는 벽장 속에서 미자를 향하여 눈을 흘기었습니다. 얼마나 괘씸하고 밉습니까!

"형님, 어렵지만 돌아가셔요. 나는 누구가 곁에 있으면 잠을 못 자는 까닭에요."

이런 말을 하기를 나는 얼마나 빌고 바랐던가요. 밖에는 분명코 날이 흐리었을 것이라고 생각하였습니다. 벽장 속이 무덥고 갑갑한 것은 고사하고라도 벼룩인지 빈대인지가 사정없이 몸뚱이를 쑤시기 시작하는 것입니다. 차차 몸에 땀이 흐르고 그리고 등 다리 배 할 것 없이 따끔따끔 쏘고 무는데 큰일났습니다. 손을 돌릴 수가 있어야지 긁어 볼 수가 있지요. 고문을 받는 사람처럼 나는 입술을 깨물었습니다. 경건한 신도의 기도하는 자세로 언제까지든 엎드려 있을 수밖에 없으니까요.

"그래 풍금은 그 뒤탈이 없던가?"

"형님 어디 한번 타보셔요. 나는 어쩐지 소리가 시원치가 않아요."

"어디."

아내는 풍금으로 올라가 스톱을 쑥 누르고는 무엇인지 한 곡조를 탑니다.

"왜 그래 괜찮은데."

"그럼 내 타 볼게요. 형님 들어보셔요."

미자는 도레미파를 서투르게 짚는다. 차차 풍금소리가 작아집니다.

"이봐 발을 그렇게 자주 눌러서 되나. 천천히 이렇게 눌러요."

"오 참 그렇군."

나는 풍금소리 나는 것을 다행으로 겨우 손을 돌려서 우선 가려운 넓

적다리와 정강이를 긁었지요. 그리고 등에는 손이 잘 돌아가지가 않아서 간신히 조금 긁고서 막 손을 돌리려다가 그만 벽장 한 편 벽을 툭 쳐서 소리를 내었습니다. 나는 깜짝 놀라서 몸을 움짓하였습니다.

"이봐, 벽장에서 툭하고 소리가 났어, 쥐가 들었나?"

아내는 벽장을 뚫어지도록 바라봅니다. 금세라도 아내가 벽장문을 열 것만 같아서 온 신경이 자릿자릿 합니다.

"아녀요. 우리 집에 쥐는 없어요. 형님이 잘못 들으신 게지요."

"아니 분명코 소리가 났어. 내가 들었는데."

"가만 두시구려. 아무 것도 없는데 쥐놈도 헛물만 치게."

나는 팔자에 없는 쥐놈이 되고 말았습니다. 그러나 이 경우에 그러한 것은 아무 것도 아닙니다. 찌푸리고 있는 아내의 미간은 좀처럼 펴지지 않는 것을 보니 아무래도 아내는 문을 열 것만 같아서 나는 두 손을 모은 채로 빌었습니다.

'제발 벽장문만 열지 말아 주소서.'

나는 본래부터 미신迷信을 배척하고 신을 부인하던 터이라 어디다 빌 곳이 없습니다. 그러나 설마 나를 사랑하시던 내 아버지의 혼백에게야……. 나는 눈을 감고 아버지를 불렀습니다. 그러나 나는 관을 쓰고 지팡이를 끌고 나오는 아버지의 환영을 보자 입을 다물어 버렸습니다.

"이 자식, 이게 무슨 꼴이야 꼴이……."

아버지의 호령이 귓가에 들립니다. 나는 아버지에게 빌기를 단념하고 살아 있는 내 아내를 향하여 맘속으로 빌고 빌었습니다.

'제발 이 벽장문만 열지 말아 주옵소서.'

기도의 영검[1]이 있었던지 아내는 풍금에 돌아앉아 노래를 부릅니다.

보카치오의 한 구절.

'내 맘속 그리운 오직 한 분이여.'

음악에 소양이 있는 아내의 목소리라 약간 애조를 띠고 흐르는 곡조는 몹시도 아름답습니다.

'그대의 맘속에 있는 오직 한 분은 이렇게도 액운에 빠져 이 좁은 벽장 속에 갇혀 있다오.'

나는 맘으로 회답을 하고 이마에서 흘러내리는 땀을 손바닥으로 문질렀습니다.

"형님 목소리는 어쩌면 그렇게 고와요?"

"무어 이제는 집에만 들어박혀 있으니까 목소리까지도 다 녹이 쓸었다누."

아내는 풍금을 덮어두고 다시 방석으로 가서 앉습니다. 또다시 빈대인지 모기인지 등을 빨고 쏘고 배꼽 있는 데를 깨물고……. 이제는 풍금소리도 그쳤으니 손을 돌려 긁어볼 용기도 없습니다. 단지 등을 기우뚱 기우뚱 해 보기도 하고 배를 실룩실룩 심호흡을 해 보기도 하였으나 조금도 시원치가 않고 물 것은 점점 더 깨무는 모양이라 난 미칠 듯한 고통을 참느라고 입술을 꽉 물었습니다.

"아아 오빠는 참말 행복이겠어요. 저렇게 아름다운 목소리를 노상 들으실 테니."

"어이구 그 어른 목소리가 나보다 얼마나 더 좋은데."

"정말요 형님?"

---

1 사람의 기원대로 되는 신기한 징험.

"그럼! 집에서 가끔 병창을 하지만 난 여자라도 그이 목소리엔 아주 황홀해지는 걸."

"아니, 형님두 남편 자랑은 무척 하시네."

"아니야 정말야. 그 어른 같이 모든 것이 구비한 이가 몇이나 있어?"

"…………."

"내가 가끔 가다가 철없는 짓을 해서 그의 비위를 건드려 주어도 그이는……."

"아니 형님, 형님 내 말 들어 보아요. 오빠가 저녁으로 늦게 들어오는 일은 없어요 그래?"

아내는 바야흐로 가슴 깊이 화살을 맞은 듯 말문이 꽉 막힌 모양입니다. 나는 모기에 빨리고 있는 등의 고통도 잊어버리고 아내의 대답에 정신을 모으고 있습니다.

"왜 가끔 가다가 회사 일로 교제할 때가 없겠수? 그럴 때에는 미리 일러주시거든. 그리고 돌아오실 땐 꼭 선물을 갖다 주시니까 늦게 오실 땐 오히려 더 재미가 있어, 호호호."

"어떤 선물요?"

"치맛감이나 어린애 나들이 옷 그리고 핸드백 같은 것."

"아니 형님도 그래 가끔 오빠가 오입이나 하시면 어쩔 테요?"

"오입? 그 양반이 그럴 리가 없지. 노상 그러시는데 어떤 여자가 술을 따르고 노래를 하여도 어여쁜 장난감으로밖에 안 보인대. 취중에 혹시 여자들과 관계를 맺는다 해도 반시간 후에는 곧 잊어버리는 장난이라나, 호호호."

나는 문틈으로 미자의 얼굴을 바라다보았습니다. 이번에는 서릿발

같이 무서운 눈으로 흘겨보고 있는 미자가 문을 열어젖힐 듯하여 두 손으로 얼굴을 푹 가려 버렸습니다.

'아이구 맙소사.'

나는 순간에 슬픈 마음이 떠올랐습니다. 인간으로 가장 불쌍하고 액운에 빠진 사람이 나밖에 누가 있으랴 하고 생각할 때 로마 성중에 불을 놓고 비가를 읊조린 네로 황제처럼 길게 길게 한숨을 쉬었습니다.

그뿐만 아닙니다. 내가 회사에서 나올 때 변소에를 다녀온 후 여태껏 그냥입니다. 집에서 아내가 준 수박을 한 대접이나 먹고 미자의 손에서 비루를 두 병이나 마셨으니 나는 지금 새로운 고통이 엄습하여 오는 것을 어찌할 수 없습니다. 나의 양쪽 무릎은 돌과 같이 감각을 잃었습니다.

나는 제발 지금쯤 돌아갑시사 하고 문틈으로 엿보고 있노라니

"아우님 퇴침이 없수?"

아내는 방석을 쭈르르 밀어가지고 어깨 밑에 넣더니 옆으로 털썩 드러눕습니다. 미자가 이부자리 너머로 손을 뻗쳐 베개를 집어 아내의 머리를 받쳐줍니다. 그 베개는 가를 레이스로 둘렀는데 물론 그 베갯잇은 내 아내가 미자에게 가르쳐 준 것입니다. 그러나 내가 미자 집에서 밤을 새울 때마다 그 베개를 쓰는 줄을 아내는 알 리가 있습니까.

시계는 한 시를 칩니다.

"참, 저녁 때 가져왔던 바느질감의 어느 솔기가 안 맞는지."

"형님 곤하신데 일찌감치 돌아가 주무셔요. 바느질은 내일 하지요."

"아니, 난 안 졸려. 아우님 졸리거든 염려 말고 자구려. 바느질감이나 내봐요. 난 심심해서 그래."

"아아니 그럼 형님은 주무시고 갈 작정입니까? 괜히 그러시지 뭐."

미자는 어리광 부리듯 아내를 쳐다보고 눈을 흘기며 웃습니다.

"그럼, 자고 간다니까."

"정말? 아이구 좋아."

미자는 맘에도 없이 기뻐합니다. 사실 아내는 오늘 저녁에 상당히 골이 난 모양입니다. 새로 두 시나 세 시에 내가 들어가서 방이 텅 빈 것을 보고 어떠한 감상을 가질까 하는 가벼운 복수심이 생긴 것이라고 짐작을 하였습니다. 그러나 저러나 내가 왜 이렇게 못난이 짓을 하고 이렇게 곤경을 당하고 있어? 저까짓 계집들이 무엇이 관대. 당장에라도 나가자. 그래 남자가 오입 좀 하였기로니 어떻단 말이냐. 세계를 정복한 나폴레옹의 궁중 생활은 어떠하였으며 더구나 진시황은 삼천 궁녀를 그리고 솔로몬 왕은 일천 왕비를 두지 않았는가. 남자가 이렇게 담이 없고 기분이 없어 어디다 써?

나는 금방에라도 뛰어나가려고 문에다 손을 대었습니다. 잠깐만 있자, 문밖의 소리를 마저 듣고…….

"그런데 형님, 결혼한 후 오빠가 오입하는 것 못 보았어요? 바른 대로 말해요, 호호호."

"아니 절대로, 그이가 어떤 이라고. 글쎄 여간한 퓨리탄이 아니라니까!"

"퓨리탄이 뭐에요?"

"도학자라고만 해 둡시다 그려. 우리 동무 중에 남자 때문에 화가 나서 죽네 사네 하고 야단법석을 하는 이가 얼마나 많기에. 위선 아우님을 보구려. 그렇지만 난 정말야, 그 점에는 행복이거든."

"형님, 그건 정말이유?"

"아아니 내가 왜 거짓말을 하우?"

나는 문을 열어젖히려던 손을 다시 턱밑으로 넣었습니다.

'저러니까 내가 미자를 누이라고 소개를 하였거든. 내가 지금 뛰어나가? 글쎄 누이님이란 말만 안했어도…… 휴휴우.'

아내는 미자가 내어주는 바느질감을 받아 가위질을 하고 바늘로 홉니다. 사실 그는 나를 청교도로 믿습니다. 밖에서 밤을 새우고 들어가는 날에 아내가 미심해서 캐어물을 때에는 나는 금목수화토金木水火土로 맹세를 하고 또 하여 나의 결백을 증명하였거든요.

어린아이처럼 천진스럽게 나를 믿고 웃던 아내의 얼굴을 생각하여서도 나는 문을 열고 나갈 용기가 없습니다. 내가 미쳤어. 왜 아내를 이 집에 데려왔던고.

참자. 하루를 참으면 백날이 편하다니. 소크라테스가 구정물을 뒤집어씌우는 아내를 용서하지 아니 하였다면 그가 성인이 되었을까. 예수도 십자가에서 가시관을 쓰고도 참았다. 석가가 설산의 칠년 고행이 없었던들 중생을 어찌 구원하였으리. 남들은 오입을 하면 아내를 치고 때리는데 나는 아내를 안심시키기 위하여 미자를 내 누이라고 하였겠다. 확실히 그것은 나의 선량한 마음의 발로다. 그러나 그 선량한 나의 마음이 오늘 밤과 같은 고행을 가져올 줄이야……. 그러나 이 밤이 나를 위대하게 만들 것이다.

'아, 이 무슨 비장한 숙명적 밤인고.'

나는 눈을 감고 자기 몸을 주린 곰에게 내어주고 찰나에 부처가 되었다는 성자의 이름을 생각하여 보았으나 좀처럼 기억이 나지 않습니다.

나는 이러한 동안에 잠깐 동안이나마 마음속으로 오는 위안을 발견하였습니다.

아아 위대한 저 종교와 철학의 힘이여!

방에는 말소리가 뚝 그치고 고요합니다. 나의 방광은 바야흐로 터질 듯합니다. 그러는데 벽장 속은 시루 속처럼 김이 서리고 후끈거립니다. 나는 차차 숨이 갑갑해 옵니다. 공기가 부족하여지는 까닭이겠지요. 나는 조심조심 팔꿈치로 벽장문을 약간 밀었습니다. 문이 삑 하고 삼분의 일이나 열립니다. 나는 나의 기대와 반대로 문이 너무 크게 열리는 것이 겁이 나서 도로 닫으려고 손을 내밀었습니다. 만약에 아내가 누운 곳이 벽장문 앞이었던들 벽장 속에 무엇이 들어있는 것을 당장에 알았겠지요. 그러나 아내는 벽장문 뒤쪽에 누워 있습니다. 문이 열리는 것을 보자

"무엇이 들었어, 쥐가 이러나?"

아내는 벌떡 일어납니다. 나는 만사휴의[2]다 하고 눈을 감았습니다. 아내는 자막대기를 들더니 벽장문을 쿡하고 밀어 붙입니다. 문은 전보다 아주 단단히 닫혀졌습니다. 일부러 자는 체하고 누었던 미자가 졸리는 목소리로

"형님 왜 그리시우 가만 두라니까. 쥐라도 먹을 게 없으면 상관있나요?"

아내는 베개를 베고 다시 눕습니다. 천사만려[3]가 오고 가는 듯 이리 부스럭 저리 부스럭 하고만 있습니다. 나는 각일각으로 절박하여 오는 아랫배의 고통이나 침끝 같은 빈대 벼룩의 고문보다도 이제는 생사의 막다른 골목에 이르고 만 것을 알았습니다. 실낱만 하던 문틈도 없고

2 萬事休矣. 만 가지 일이 끝장이라는 뜻으로, 모든 일이 전혀 가망이 없는 절망과 체념의 상태임을 이르는 말.

3 千思萬慮. 여러 가지로 생각하는 것.

보니 이제는 무서운 질식의 죽음이 나를 기다리고 있지 않습니까. 나는 드디어 벽장 문을 열고 나갈 결심을 단단히 하였습니다. 철학도 종교도 내가 살아야만 있는 것이니까요. 그런데 웃고 나갈까 성을 내고 나갈까 나는 문득 한 생각이 번개같이 지나갑니다.

'그렇다 강도처럼!'

나는 먼저 두 손으로 얼굴을 가리리라. 그러면 일사[4]도 감지 아니한 나의 맨몸은?

나는 이렇게 위기 절박한 강도의 입장에서라도 예의는 지켜야 할 것을 잊지 아니 하였습니다. 그러면 한 손으로 얼굴을 가리고 한 손으로는 아랫도리를? 그렇다면 한 손으로 얼굴이 잘 가리어질까? 만약에 아내가 내 얼굴을 알아본다면 십 년 공부 나미아미타불이 아닐까. 됐다 됐어. 두 손으로 얼굴을 가리우고 궁둥이부터 먼저 나간다.

'이년들 눈을 뜨면 죽는다.'

호통을 하리라 그런데 목소리는? 나의 음성은 보통 알토입니다. 그러면 베이스, 테너? 베이스가 좋아. 웅장해서 위엄이 있거든. 이제는 준비가 다 되었습니다. 두 손으로 얼굴을 가리고 궁둥이를 들었습니다.

"이봐, 닭이 울지? 난 갈 테야. 아우님, 나 좀 보우. 난 가우! 문 걸어요."

"그럼 형님 안 주무시고 가실 테요?"

"암만해도 용주가 울겠어."

아내와 미자는 문밖으로 나갔습니다. 나는 벽장문을 열어젖히고 상반신을 방바닥에 내놓았습니다. 이때에 바로 내 아내는 나를 강도에게

---

4 한 오리의 실.

서 구원한 구주였습니다. 아내가 떠난 지 십 분이 못 되어 나는 집으로 왔습니다. 문을 여는 아내의 등에 업혀 있는 용주가 가끔 느끼며 잠이 드는 모양입니다.

나는 아내와 아들을 한꺼번에 안고 언제까지나 언제까지나 울었습니다.

—『신가정』, 1935.7.

편지[1]

"나 그런 줄은 몰랐어요. 당신과 나 사이에는 정말 아무런 비밀도 없는 줄로만 믿었었어요."

은희는 남편의 말없이 내려다보고 앉았는 얼굴을 달려들어 할퀴기나 할 듯이 독 있는 눈으로 쏘아보는 것이다.

"글쎄, 이게 뭐에요, 이게."

남편을 보라는 듯이 은희는 손에 쥐었던 편지를 다시 폈다.

저번에 보내주신 것 감사히 받았습니다. ××에 가셔서 박이신 사진은 꼭 보내주신다기에 눈이 감기도록 기다렸습니다마는…… 제가 염치없는지 모르겠습니다. 말씀드리기 너무도 거북하옵니다만 새학기가 되고 보니 의외에 잡비가 많아집니다. 구두도 헤어져 새로 지어야 되겠사옵고 아무래도 한 오십 원 더 보내주셔야 되겠습니다. 졸업반이라 하여 수학여행을 만주로까지 가게 되는데 저는 무슨 핑계라도 하여서 그만두겠습니다. 왕복 여비와 식비 합하여 오륙십 원 있어야 될 터이니까.

1 이 작품은 『신가정』(1934)에 연재된 것이 『현대조선여류문학선집』(조선일보사, 1937)에 실린 것으로 알려져 왔다. 하지만 『아단문고 미공개 자료총서 2014』의 『신가정』 영인본을 보면 이 작품을 확인할 수 없다. 이 작품은 잡지에 연재되지 않고 바로 여류선집에 실린 것으로 보인다.

부인이 계시고 더욱이 어린 아기까지 있는 당신께 이런 무거운 짐을 지워드리기는 저로서는 참으로 가슴 아픈 일이올시다. 그보다 아직 부인께서 모르시고 계신다는 것이 더 한층 저를 괴롭게 질책하고 있습니다.

'아내는 나를 믿는다.'

하시던 그 말씀만 생각하고 있사오나 어째 제 맘은 무슨 크나큰 죄악을 쌓는 것만 같아서 스스로 얼굴이 붉어질 때가 많습니다.

아아 '사랑은 모든 것을 빼앗는다' 한 말은 누구가 부르짖은 경구였던가요. 오월 ×일 인순 올림.

은희는 편지에서 눈을 굴려 다시 남편의 얼굴을 노려보며

"여보세요 그래 인순이란 여자의 학비를 대주시고 계셨어요? 그러면 왜 내게는 아무런 말씀도 없었던가요? 인순이란 여자의 학비를 대어준다는 사실을 내게 숨기지 않으면 안 될 무슨 까닭이 있었던 게죠? 네? 네?"

금방 무슨 일이나 낼 듯이 덤비는 아내의 모양을

'내 몰라라.'

하는 듯이 남편의 얼굴은 어디까지나 평화스러웁다.

그것도 그럴 것이 지금 은희의 눈앞에 있는 남편은 그가 죽기 바로 석 달 전에 박아둔 사진인 까닭이다.

불러도 소리 질러도 할 수 없다는 것을 깨달았는지 은희는 커다랗게 한숨을 쉬고

"한 달 전만 같애 보아. 정말이지 한 달 전에 이 편지가 내 눈에 뜨이기만 하였더라면…… 대체 무어라고 변명을 할렸던고?"

은희는 또 한 번 길게 한숨을 쉬고

"알지 못할 것은 남자의 심사야."

그 점잖고 친절하고 어디까지나 믿음직스러웁던 자기 남편을 생각하면 생각할수록 허무하고 맹랑스러운 일이다.

사진 속에 있는 남편은 방금 그 큰 입을 벙싯거리며

"잘못했으니 용서해 주시오."

하고 애걸이나 하는 듯하여 은희는 히스테리컬하게 홱 고개를 돌려버렸다.

가버린 남자의 완전무결에 가까운 그 인격, 그 애정을 추억하는 것만이 오직 한 가지 은희의 사는 보람인데 천만 뜻밖에도 이러한 편지가 튀어나온 것은 이글이글 타는 숯불에다 찬 재를 끼얹는 듯 일찍 느껴보지 못하던 원망과 질투에 그의 맘은 지극히 혼란하여 지는 것이다.

하지만 그 질투라든가 독백이라는 것이 홍수 후에 노아가 방주에서 날려 보낸 비둘기가 앉을 자리를 찾지 못하고 도로 날아오듯이 아무런 반응이나 대답을 들을 수 없이 자기의 가슴 속에 다시 삼켜버리지 않으면 안 되는 것이 은희로 하여금 더욱 처참한 적막과 허무를 느끼게 하는 것이다.

은희의 약간 파르스르한 입술에 두어 번 경련이 지나가자 그는 손에 쥐고 있던 편지를 화악 잡아 찢어버렸다.

'요망스럽게.'

그는 마치 이 편지—남편의 회사로 배달된 것을 누가 지나치게 친절한 마음으로 일부러 집에까지 회송시킨 이 편지가 무척 얄밉고 미웠다. 이 길지 아니한 글발 하나가 아홉 해 동안이나 같이 살고 또 급성폐렴으로 불과 십여 일 만에 죽어버린 그 아까운 남편의 티 없는 애정을 짓밟

아버린 것이라 생각하니 그는 그 편지의 글자 하나하나가 무슨 악마의 주문과 같이 징그럽게 보여지는 것이다.

"계집애도 계집애야. 여편네 있고 자식 있는 사나이에게 무엇이 탐이 나서 달라 붙었을고. 뛰어나게 얼굴이 잘났나, 돈이 많단 말인가?"

이렇게 중얼거리면서 찢어진 편지 쪽들을 주섬주섬 주워 영창 밖으로 던져버렸건만 그의 마음은 조금도 시원치가 않았다.

심기를 전환할 생각으로 애써 다른 일을 생각해 보려고 하면 할수록 맘은 방금 찢어버린 편지와 또 그 편지를 보낸 여인에게로만 가는 것이다.

'전문학교의 졸업반이라. 그러면 나이는? 스물셋, 넷? 얼굴은 흴까, 까무잡잡해? 하여간 미인인 것만은 틀림없겠지.'

은희의 그리 크지 아니한 그러나 어디까지나 반짝거리는 그 두 눈은 마치 쥐를 노리는 고양이의 눈과 같이 한 곳에서 움직이지 않는다.

'글씨도 아주 달필이야. 처녀일까? 처녀이겠지. 그러나 벌써 그이(자기 남편)와 어떻게 되어 있는지 알 수 있나?'

은희의 약간 위로 치킨 듯한 눈썹이 꼿꼿이 일어섰다.

'만약 남편이 살아 있고 이 여자와의 관계가 그대로 계속 된다면…… 우리집은 결단났지 별 수 있나. 체면에 제이호로 들어앉히지는 않을 것이고 누구처럼 손에 손을 맞잡고 가버릴 지도 몰라, 아유!'

은희는 모서리를 치면서 어금니를 다물었다.

그는 바르르 떨리는 손으로 문고리를 잡았다. 그리고 문밖에 흩어져 있는 조금 전에 찢어버린 편지의 조각들을 움켜쥐었다.

잉크 빛이 선명한 하얀 봉투의 한 조각 한 조각이 은희의 손끝에서 순서를 찾아 모아졌다.

'동경시 소석천구小石川區 죽조정竹早町 20 ××방 박인순朴仁淳.'

야릇한 질투의 감정은 마침내 은희의 가슴에 어떤 복수의 불더미를 털어놓고야 말았다. 그는 바시시 일어나 의걸이 앞으로 갔다.

서랍을 열고 상제된 후로부터 쓰지 않고 넣어두었던 금비녀와 금가락지를 꺼냈다. 이것을 종이에 싸면서도 그의 맘에는 일찍이 이러한 예물을 자기에게 주던 그 남편이 오늘 이러한 솜씨로 받아가는구나 하는 일종 서글픈 웃음이 지나갔다.

전당포에 갔던 할멈의 손에서 현금 백 원을 받아 쥔 은희는 무엇에 덜미를 잡힌 사람 모양으로 밖에 나갔다.

거리에는 어느덧 봄도 저물어 녹음으로 성장한 초여름의 그 화려한 깃을 대지에 드리우고 있건만 은희의 가슴은 극지의 빙원과 같이 적막과 공허 그것뿐이었다.

그는 ××우편국으로 들어가서 전보용지를 손에 들었다.

'돈 백 원을 보내니 수학여행에는 꼭 참여하시오. 만나고 싶으니 갈 때에는 집에 들려주시오. 병으로 누워 있소. 회답은 집으로. 영준.'

끝에다 남편의 이름을 쓰는 은희의 손은 가늘게 떨고 있었다. 우편국에서 나온 은희는 한 달 전에 남편을 공동묘지에 묻어두고 돌아설 때와 비교하여 얼마나 더 심각한 슬픔이 자기를 엄습하고 있는가를 똑똑히 감각하였다.

그때에는

'남편은 갔거니, 그러나 그의 사랑만은 영원히 내 가슴에 새겨있거니, 그리하여 나도 마침내 죽어지리니 같이 묻혀 같은 흙으로 변하려니.'

이러한 슬픈 위로가 귓전에서 속삭였다.

그러나 오늘은?

변함없이 믿었던 그 사랑마저 허무하지 않느냐. 그는 자기 자신이 온전히 인생의 패배자로서 느끼는 그러한 모욕과 분노가 쓸개와 같이 그의 심장을 역겹게 하는 것이다.

전보환으로 돈을 부친 그 저녁.

'명조[2] 출발.'

이란 답전이 왔다.

은희는 전보를 보는 순간 만에 하나로 그 박인순이란 것은 실제의 인물이 아니요 따라서 그 돈도 돌아오기를 바란 부질없는 생각이 자기 맘 한구석에 깃들이고 있던 것을 발견하자 그는 스스로 비웃었다.

"보고 싶어서 만나자고 하니 곧 나온다는 답전이 나온 이상……."

그는 이런 말을 입속으로 중얼거려보다가 문득 자기의 왼손 무명지를 물끄러미 들여다보았다.

엊그제께야 고약을 떼어버린 빨간 손가락 끝의 실 같은 흉터를 바라보는 그의 입가에 조롱의 웃음이 떠올랐다.

"최후의 일각까지 살려보려고 애를 썼지, 못난이……."

그리고 사흘째 밤이 밝았다.

은희는 자리 속에서 중얼거렸다.

"오늘은 그 여자가 오는 날이지?"

그는 자기의 발작 상태와 비슷한 행동에 어떤 잔인스러운 쾌감을 느끼면서 자리에서 일어났다.

---

2 明朝. 내일 아침.

뜰로 내려선 은희는 전과 달리 할멈을 동독[3]하여 집안을 소제하고 자기도 뜰에 물을 뿌리고 마루에 걸레질을 쳤다.

어린 아들 길남이에게 새 옷을 갈아입히고 자기도 얼굴과 머리를 단장하였다.

털끝만치라도 그 여인에게 낮춰 보일 까닭은 없다고 생각한 까닭이다.

아침을 마치고 나니 오전 여덟 시였다.

'이제 곧 부두에 내리고 늦어도 반시간 안에는 집으로 들어오겠지.'

이렇게 중얼거리면서 응접실로 쓰는 바깥방에다 새 초석을 내다 펴고 방석에는 새 잇을 끼워내다 깔았다.

'되도록 말소리를 부드럽게 하렸다. 그리고 첨에는 그이가 살아 있는 것 같이 말을 붙이렸다. 죽은 줄 알게 될 때 어떤 얼굴을 하는지 좀 찬찬히 보아야지.'

그러나 아홉 시가 지나고 열 시가 거의 되도록 손님의 그림자는 보이지 않는다.

'혹시 누가 그이가 세상 떠났다는 것을 일러주지 않았나? 만약 회사로 갔다면…… 그래도 집에 누웠다 했는데…….'

좌우간 그 여자가 집으로 오지 않는다면 모처럼 계획한 작전이 수포로 돌아가고 말 것 같아서 그의 맘은 차츰 불안하여지는 것이다.

"손님 오시는가 나가보아."

하고 어린 길남이를 세 번째 보낸 뒤다. 물을 길어가지고 들어오는 할멈이

3 董督. 감시하며 독촉하고 격려함.

“손님 오셨어요. 동경서 오셨다나봐요.”
하고 물동이를 내려놓는다.

“어서 손님 바깥방으로 뫼시우, 나 곧 나갈 터이니.”

이렇게 대답을 하면서도 은희의 가슴은 맹렬히 두근거리기 시작하는 것이다.

사랑을 도적한 여인에게 대한 분노와 또 그 비밀을 발견하였다는 상쾌감이 마치 꿀을 섞어 겨자즙을 먹는 때와 같았다.

‘좌우간 어떻게 생긴 얼굴인지.’

은희는 절대의 호기심과 또 그만한 적개심에 몸을 떨면서 뜰로 내려와 신을 신었다.

급박하여 오는 호흡을 늦추기 위하여 두어 번 숨을 크게 쉬고 자주 침을 삼켜 목을 적시면서 천천히 발을 옮겨 놓았다. 그러나 은희의 호리호리하고 날씬한 몸이 바깥방 방문 가까이 갔을 때 그는 갑자기 걸음을 멈추고 그 자리에 서버렸다.

길남이를 두 팔로 안고 길남이의 머리에다 얼굴을 처박고 울고 있는 그 손님의 가슴에는 노르스름한 교복 단추가 두어 개 수줍은 듯이 빼꼼이 내다보이고 아무렇게나 벗어던진 듯한 사각모자의 정수리가 다갈색으로 퇴색이 되어 있는 것이 눈에 뜨인 까닭이다.

어머니가 가까이 오는 것을 본 길남이가 손님에게 안긴 채

“엄마, 손님 오셨어.”
하고 어리둥절하여 소리를 친다.

아이의 외치는 소리를 듣고 비로소 고개를 드는 그 손님은 얼른 포켓에서 손수건을 꺼내서 젖은 얼굴을 씻고는 은희를 향하여 공손히 꿇어

절을 하는 것이다.

“저는 지금 동경서 오는 길입니다. 박인순이라고 합니다. 참 무어라고…… 말씀을…….”

손님의 눈에서는 또다시 굵다란 눈물이 쏟아졌다.

‘그러면 박인순이란 게 여자가 아니고 남자이었던가?’

속으로 부르짖는 은희의 등골에는 화끈하고 진땀이 솟았다. 손님은 울긋불긋한 여드름이 두어 개 돋힌 이마를 한 손으로 만지며

“지금 막 들어오면서 애기에게 들어서 알았습니다. 온 청천의 벼락도 분수가 있지 온 꿈인지 생시인지 당췌…… 그래 언제쯤 작고하셨는가요?”

“한 달 전에.”

겨우 한 마디의 대답을 하고 은희는 방으로 들어섰다.

“왜 제게는 부고를 주시지 않았어요?”

통분한 듯이 바라보는 청년의 시선을 피하여 은희는 방바닥으로 눈을 떨어뜨리었다. 청년은 가만히 길남이의 머리를 쓸면서

“아가야 이제부터 우리는 아버지 없이 살아간단다. 하지만 아버지같이 되자, 응?”

청년의 조금 두터운 듯한 입술은 미소를 띤 채 한참 동안 경련이 계속되었다.

“너 몇 살이지?”

“나 여슷 살.”

“오, 착하다. 너 꼭 아버지 닮았구나.”

은희는 터져 나오는 울음을 막을 듯이 손수건으로 두 눈을 쌌다.

뜨거운 눈물은 은희의 양사 손수건을 적시고도 그의 홀쭉한 턱 아래로

방울방울 굴러 떨어졌다. 그러나 이것은 결코 은희가 남편의 결백이 증명되었다는 의미에서 새삼스럽게 남편을 추모하여 우는 것은 아니었다.

은희는 갑자기 자기가 인간으로 생겨났다는 것이 견딜 수 없이 슬퍼진 것이다. 이렇게까지 슬프고 부끄럽고 천박한 동물은 인간이란 것밖에 또 어디 있으랴 하고 생각한 까닭이다.

"엄마, 우지 마, 엄마!"

하고 길남이가 울듯이 소리를 질렀으나 지극한 자기 연민의 감정에 사로잡힌 은희의 울음은 좀처럼 그칠 듯 싶지가 않았다.

어디서 꼬끼요오 하고 우는 닭의 소리가 오월의 한낮에 길게 울려왔다.

—『현대조선여류문학선집』, 조선일보사, 1937.

2. 장편소설(미완)

요람搖籃[1]

오후 다섯 시 십 분 전 안전지대에 죽 늘어서서 전차를 기다리고 있는 샐러리맨들의 생기 없는 얼굴을 바라보는 준호의 입가에는 쓰디쓴 웃음이 지나갔다.

'아침에 끌려나왔다가 저녁 때 놓여 나가는 가엾은 무리들.'

준호는 가만히 자기 목에 손을 대어 넥타이를 조금 늦추었다.

그는 아침에 몰아다 회사에 넣고 저녁에 몰아다 집으로 보내는 어떤 보이지 않는 줄이 자기와 자기 동료의 목에 얽히어 있는 것을 느낀 때문에.

'줄이야. 확실히 줄에 목이 매여 달린 거야. 그러니까 월급쟁이 모가지들이 하나 같이 가늘지 않아?'

준호는 또 한 번 자기 목을 만져 보았다. 전차는 무슨 고장이 생기었는지 십 분이나 기다려도 오지 않는다. 안전지대 위에는 목이 가느다란 양복쟁이의 수효가 점점 더 늘어간다. 아침 정각에 회사에 들어가려면 숭늉도 채 못 마시고 더구나 나른한 몸이 이불이 폭신한 유혹을 이기고 일어나기에는 실로 눈물겨운 고민이 있는 것이다. 준호의 아침 시간은 그렇게 절박하고 초조하거늘.

---

1 『신가정』 목차에 보면 장편소설로 기록되어 있음. 이청전 그림.

지금 집으로 돌아가는 준호와 그의 동료들은 태연한 듯이 벌써 십오 분 동안을 헛되이 서서 있다. 바람이 휙 불어온다. 안전지대 사람들의 양복바지가 휩쓸리고 순간 빼빼 마른 휘어진 다리들. 준호는 고개를 돌리었다. 자기의 다리도 저렇게 참혹한 몰골이겠거니 생각할 때 그는

"흥."

하고 웃었다. 오늘은 웬일인지 바람이 제법 세다. 휙 얼굴에 끼얹는 먼지. 준호는 눈을 씻기 전에 먼저 모자를 붙들었다. 간간히 자동차가 가솔린 냄새를 풍기며 호기스럽게 달아난다.

요컨대 준호에게는 관계없는 수레들이다. 준호는 시장함을 느꼈다. 그러나 지갑 속에 있는 돈은 십 전이다. 꼭 십 전뿐이다. 구멍 뚫린 하얀 돈. 내일이 월급날이니까 샐러리맨인 자기 주머니가 마르는 것은 당연한 일이다. 그러나 준호는 짜증이 났다.

'오늘은 점심도 먹 듯 말 듯 하였으니.'

과장은 아침에 집에서 나올 때 마누라와 말다툼을 하고 나왔는지 과장의 얼굴빛이 여간이 아니었다. 과장의 자리는 준호와 똑바로 보는 곳이다. 어쩐지 오늘은 준호를 자주 건너다보았다. 준호의 장부하는 것, 준호의 철필 잡는 손을 유달리 보고 보는 것이었다. 준호는 과장이 성난 듯이 자기를 쏘아 볼 때 준호의 어깨는 무거운 납덩어리나 올려놓은 듯하였다. 열한 시 반이나 되었을 게다.

"김 군, 잠깐 오시오."

하고 과장이 부를 때 준호의 전신은 강직하여졌다. 태연하자 하면서도 얼굴이 화끈하여지고 가슴조차 털컥하여지지 않았는가. 참말 아무런 까닭도 없이 그러나 준호가 과장 앞에 서서 머리를 두 번 숙이고 자리로

돌아왔을 때 그는 손수건으로 이마를 문지른 것이다.

"아마 이삼 일 내로 본점에서 장부 검사가 있을 터이니."

"네네."

그뿐이었거늘 준호는 어째 점심이 목구멍으로 잘 넘어가는 것 같지가 않았다. 그는 ××회사에 벌써 사 년째 다닌다. 언제나 아침 여덟 시에 나와서 오후 네 시나 다섯 시에 집으로 돌아가는…… 그리고 장부도 깨끗이 똑똑히 쓰는 우량사원이다. 그는 아직 윗사람에게 한번도 책망이나 주의를 들어본 일이 없다. 그 까닭은 준호가 아침부터 저녁까지 긴장 그것으로 지내는 까닭이다. 그리하여 그 긴장은 벌써 사 년째 내려오는 것이다. 이렇게 조심하여 오는 준호인지라 과장이 성난 듯한 얼굴로 부를 때 준호는 점심밥 맛을 잃은 것이다.

전차가 왔다. 준호의 집으로 가는 방향과 반대인 ××행 전차다. 안전지대의 목이 가는 양복쟁이들이 절반 이상 흡수되어 갔다. 준호는 다음 차를 기다린다.

또다시 간간히 바람이 불어오고 양복바지가 휩쓸리고 어쩐지 가슴 아래가 허전허전하여온다. 이 허전허전 하는 생각은 오늘만 느끼는 것은 아니다. 언제나 준호가 한종일 철필과 싸우고 집으로 돌아갈 무렵에 느끼는 그 피로감이다.

'지금 가도 저녁은 아직 멀었고.'

준호는 입속으로 중얼거렸다. 어쩐지 무엇이고 죽 쥐어질러 버리고 싶은 짜증이 콱 치민다.

'저녁밥도 밤낮 전등이 와야만 먹게 마련이니.'

준호의 짜증은 결국 집으로 가져가게 되고 그리하여 저녁밥을 늦게 드려주는 아내에게로 쏠렸다. 준호는 흥성하여진 아내의 정수리가 방금 보이는 듯하다.

화장도 하지 않은 누런 얼굴, 무슨 걱정이 그리 많은지 밤낮 찡그리고만 있는 그 우울한 얼굴빛, 아내의 몸에서 풍겨 나오는 어린애 오줌 냄새 젖비린내가 방금 준호의 콧속으로 들어오는 듯하여 준호는 눈썹을 찌푸리면서 코를 쫑깃쫑깃하였다.

전차에서 반 오리나 걸어서 들어가는 자기 집. 쑥쑥하고 텁텁한 냄새가 나는 골목, 이웃집 행랑어멈이 찌르르 붓는 요강, 그 누렇고 빨건 액체가 수채를 파헤치고 코를 찌르는 고약한 냄새, 오물오물하고 날아다니는 진딧물, 누구 집 아이의 짓인지 썩은 콩죽 같은 똥 무더기, 그 위에 덮인 파리들.

준호는 이러한 골목을 지나 자기 집을 들어가면 자기 내외와 두 아이가 쓰는 안방에는 어린애 기저귀, 빨다 버린 고무젖꼭지, 방 한편 구석이 오줌에 젖어서 번지르르한 데 그것을 훔쳐내는 아내의 게으른 손, 그 손에 있는 걸레의 더럽고 축축함이여! 아이들은 무엇이 못마땅한지 차례로 울고만 있구나.

준호는 자기 집의 환영에서 도망질이나 치는 것처럼 그는 전찻길을 넘어섰다.

'좀처럼 재미있고 좀 더 명랑한 생활이 없을까?'

준호는 아스팔트로 된 인도로 올라서면서 생각하였다. 그리고는 그 아스팔트길을 걸어간다. 마치 그가 생각하는 명랑한 생활이 어디서 불쑥 뛰어나올 듯이 그는 방향도 정하지 않고 소연한 길바닥을 자꾸 걸어간다.

그는 얼마나 걸었던지 문득 찬란한 쇼윈도들이 자기 옆에서 뒷걸음질을 하고 있는 것을 발견하였다. 그 화려하게 꾸며진 유리상자들은 준호에게 무어라고 소리를 치면서 미끄러져 가는 듯하다. 그는 그 진열장 속에서 손짓하고 돌아가는 어여쁜 인형을 보았다. 그 머리가 다부룩하게 귀를 덮은 것이라든지 그 방싯거리는 입 모습 더욱이 너덧 살이나 됐을까 하는 키가 어째 자기 딸 옥순이와 흡사한지.

'우리 옥순이도 저런 옷만 입혀 놓으면야.'

그는 갑자기 소매 끝에 솜이 삐죽삐죽 나온 누비저고리를 입고 있는 옥순이가 가여워졌다.

'내일 월급을 찾으면 옥순이 양복을 한 벌 사야지.'

그러나 또 다른 진열장이 준호 앞으로 미끄러져 온다. 거기에는 부드럽고 따뜻하고 가벼운 모든 조건을 구비한 겨울 양복감이 호화스럽게 펼쳐있는 것이다. 준호는 반사적으로 자기 양복을 내려다보았다. 벌써 시월도 다 갔건만 자기는 춘추복을 입고 있으니

'양복을 한다면.'

준호는 다시 진열장 속을 들여다보았다. 자기가 늘 원하던 빛깔, 자기에게 어울릴 듯한 무늬. 준호는 그 길로 양복을 짓고 싶었다. 그것은 실로 준호에게 간절한 소망이었다. 여인이 금패물을 들여다보듯 준호는 잠시 동안 그 쇼윈도를 떠나지 못하였다. 그러나 그의 눈에 비친 60은 무엇을 의미함이냐.

'60원! 월부로 얻자면 다섯 달이나!'

떼쓰다가 어머니가 매를 들고 나오면 돌아서는 어린애 모양으로 준호는 유리창을 등지고 돌아섰다. 그는 지금 입고 있는 이 양복의 월부

도 아직 두 달 치나 남았으니. 준호는 수긋하고 다시 걸었다. 준호는 내일이 월급날인 것을 안다. 그 월급 ×십 원에서 양복 월부 십이 원을 떼고 나면 ×십팔 원이 남는다. 그러나 그것은 남은 돈은 아니다. 한 달을 살아갈 여유가 없는 준호의 가계는 언제나 한 달 월급 분을 미리 쓰고 있는 것이다.

쌀도 외상, 나무도 외상, 반찬도 일용품도 의복감도 의약까지도 한 달 동안 외상으로 쓰는 것이다. 그래서 월급날은 이 외상을 갚는 날이다. 외상을 갚고 나면 준호의 주머니에는 겨우 한 달 분 전차비가 남을 뿐이다. 이리하여 준호가 받은 월급 ×십 원이 준호의 수중에 머무는 것은 대개 월급 받는 그날 그나마도 한 오륙 시간밖에 되지 않는 것이다. 준호는 자꾸 걷는다. 무슨 긴한 약속이나 지키러 가는 것처럼. 그는 꾸준히 걷고 있다. 갑자기 준호의 귀에 들리는

"라라 라라라 라라라라 라."

준호의 걸음은 멈췄다.

'유행가는 아닌데…… 유행가라도 좋아.'

평소에 준호는 유행가는 싫어한다. 그러나 이 곡조 단연코 처음 듣는 이 곡조는 준호의 시장하고 허전허전한 가슴 속에 단물처럼 스며드는 것이다. 이 고마운 선율은 그것이 유행가이거나 예술적 고급 음악이거나 상관이 없다. 준호는 끌리듯이 그 집으로 쑥 들어갔다. 그 집은 찻집이었다. 시간이 시간인지라 그러한지 비교적 조용하다. 저편 부스에 자기 비슷이(샐러리맨) 파란 얼굴이 두엇 차를 마시고 앉아 있다. 기타는 울린다.

"따엉땅 띠띵 땅."

준호는 눈자위가 뜨끈해지는 것을 느끼면서 한편 부스로 가서 앉았다. 그리고 팔짱을 끼고 눈을 감았다.

"딱잉띵 라라라 라러."

"何を致ませうか。"[2]

준호의 앞에는 급사아이가 채권자처럼 버티고 서있다.

"응? あの — あの — コ— ヒを。"[3]

"はいかしこまりました。"[4]

준호는 지갑 속에 있는 십 전을 생각하였다. 그리고 그는 한 손으로 파랗게 힘줄이 내민 이마를 받쳤다.

"리라리 라라라 리."

곡조는 여전히 돌아간다.

"덜컥."

준호 앞에 커피차가 왔다. 하얀 네모난 사탕을 잔속에 떨어뜨리자 쏴 보그르르 사탕은 녹아졌다. 준호는 차를 저어 입에 대었다. 달고 따뜻하고 향기로운 액체. 음악 소리는 뚝 그쳤다. 준호는 차를 마신다.

"쭉." 한 모금.

갑자기

"디 다디다 당디당디 음 음음 음 음 음음 음 딘다 딘 당당 음 음음 음."

이번에는 피아노와 바이올린이다. 준호는 곡조를 듣는 동안 그 눈앞에 연 잎사귀 위에 구르는 수은 같은 물방울들이 나타나고 계곡을 굽이

---

2 무엇을 드려요?
3 음. 음, 커피를.
4 예, 알겠습니다.

굽이 감돌아 내려가는 세류들이 보이는 듯하였다. 찻잔을 든 준호는 행복스러웠다. 얼마나 듣기 좋은 곡조인고, 얼마나 맛있는 차인고.

"딘다 딘당 음음음."

준호는 또다시 차를 마신다. 그는 눈을 감고 팔짱을 끼었다. 그리고 가끔 생각난 듯이 차를 마신다. 그는 마치 행복을 마시듯이.

준호의 피로한 신경의 마디마디에 스며드는 음률! 커피!

그는 또 한 번 찻잔을 들었다. 그러나 차속의 커피액은 이제 절반이 훨씬 너머 줄어든 것을 발견하자 그는 약간 당황하여졌다.

'저 곡조가 다 끝날 동안 이 찻잔을 비워서는 안 돼.'

찻잔은 입술만 씻기고 도로 놓였다. 순간 준호는 자기 자신이 민망하여졌다. 그는 잠깐이나마 즐겁던 이 휴식의 세계에서 쫓기고 말았다. 그의 귀에는 관과 현이 까닭 없는 소리를 내고 있는 것이다.

'다만 한 달 월급! 한 달 월급을 현금으로 쓸 수 있다면.'

준호의 가슴 속에 어렴풋이 깃들이고 있던 생각이 갑자기 눈을 떴다. 그것은 물푸레로 준호의 등허리를 내리치는 듯한 생생한 감각으로 준호를 괴롭게 하기 시작하였다.

'단지 한 달 만이라도 여유있는 생활을 해보았으면.'

준호는 벌떡 일어섰다. 지갑에서 돈 십 전을 내어 놓았다.

레코드의 음악은 아직도 끝나지 않았건만 준호는 거리로 나와 버렸다.

준호가 마시던 찻잔에는 커피가 절반 조금 못하게 남아 있다.

'생활, 돈, 생활, 돈.'

하는 의식이 마치 네온사인의 글자처럼 준호의 눈앞에 명멸되고 있다. 준호는 오늘 같이 이렇게도 자기 자신이 가엾고 무력하게 느껴진 일은 없었다.

'잘도 사 년 동안이나 하루도 결근도 없이.'

준호는 자기 자신이 기특하였다.

'잘도 그 맛없는 콩나물 두부찌개를 먹어 왔거든. 아아 그것은 사 년이 아니다. 벌써 십 년이 넘는다. 그렇다 확실히 어머니마저 돌아가시던 가을부터 나는 학생 하숙으로 옮겼거든.'

준호는 전찻길 있는 데까지 걸어왔다. 누구에게 들려주려는 것처럼 그의 맘속에 이야기는 계속된다.

'그래 졸업을 하고 혼인을 하였어도 나는 그저 그 반찬이었거든. 그때에는 월급에서 집세 십육 원은 주어야 하고 또 월급도 지금보다 팔 원이나 적었으니.'

그는 전차 이쪽 길로 넘어섰다. 그의 생각은 이야기 책처럼 자꾸 계속이 된다.

'그래 옥순이가 나고 옥순이 어머니가 장질부사로 앓고 내 월급으로는 헤어나가지 못할 줄 아셨던지 백부께서 지금 그 집을 사주셨겠다. 그래도 우리 집 반찬은 콩나물 된장찌개! 은자가 나고! 옥순이와 은자가 번갈아 앓고. 콩나물 면할 도리 없지…….'

준호는 가만히 한숨을 내쉬었다.

걸어도 걸어도 끝이 없는 아스팔트처럼 준호의 생활은 언제나 마르고 윤택이 없는 그날그날인 것을 생각할 때 그의 마음은 짙어오는 황혼처럼 어두워진다.

준호는 자기 자신을 내려다보았다. 그리고 한 생각이 떠올랐다. 벌써 팔 년 전이다. 자기가 미술학교에 다닌다고 동경에 있던 때다. 그때 어는 전람회에서 본 그림.

'오뇌의 속에서 청춘은 간다.'

하는 제목이 붙은 것이다. 가을 풀들이 우거진 사이로 어떤 젊은이가 나체로 돌아서서 팔짱을 끼고 얼굴을 숙이고 섰던 것이 눈앞에 보이는 것이다. 그때 자기는 그 그림이 얼마나 좋았던고. 그 아름다운 육체! 잘 조화된 선! 자기가 만약 그 그림의 주인공처럼 아름다울 수 있다면.

그리고 그 어여쁜 가을 풀 속에서 울고 있는지 근심하고 있는지 하는 그 청년이 만약 자기 자신이라면 자기는 얼마나 행복스러울까 하고 느끼던 일이 지금 생각나는 것이다. 아무것도 모르고 그저 아름다운 것이라면 동경하고 숭배하던 자기가 지금 생각하면 우습기도 하거니와 또한 참말 사람의 근심을 모르던 시절이 그리워지기도 하는 것이다.

'그러나 나는 지금 그 그림의 사나이가 아니고 무엇이냐. 비록 그와 같이 아름다운 육체는 가지지 못하였을망정. 오뇌의 속에서 청춘은 간다.'

준호는 자기가 벌써 서른한 살이라는 것을 생각해 볼 때 젊음이라는 에덴에서 영원히 쫓겨나온 듯한 적막을 느끼었다. 그는 갑자기 어떤 그림이 보고 싶었다. 썩 좋은 그림을 보았으면 시장함도 피곤함도 다 잊어질 것 같이 생각이 되었다. 그는 그대로 걸음을 계속한다. 가로에 전등이 일시에 눈을 떴다. 낙조가 아직 사라지지 않은 거리에 누르스름한 전등의 행렬! 그는 자기 자신이 거리에 방랑자인 것 같이 생각이 되었다. 그리고 활동사진 '거리의 등불'을 생각하였다.

'그 사나이(채플린)가 감옥에서 나와서 그 여자(소경 되었던 꽃장사)를 만나던 때가 아마 이 시간이었겠지.'

이런 저런 갈피 없는 생각을 하면서 자기가 기억해 둔 어떤 그림 파는 집으로 들어갔다. 그림들은 따뜻하고 부드러운 어머니의 손처럼 준호의 맘을 만져주는 듯하였다. 선과 빛의 조화 그것은 아름다운 그림만이 가질 수 있는 특권이다. 비록 원판에서 몇 번이나 복사하여낸 까닭에 빛깔은 다소 다른 점이 있겠지마는 준호는 오늘도 밀레의 만종 앞에 섰다. 그는 묵도하듯이 영원한 선물을 인생에게 전하고 간 화성畵聖 밀레를 맘속에 그리었다.

여기저기 걸려 있는 풍경화, 인물화, 정물을 천천히 감상하였다.

'집에서 기다릴 걸?'

하는 생각이 귓속질 같이 지나간다.

'이제 정말 집으로 가야지.'

준호는 문을 향하여 발길을 옮기었다. 해금강 사진 아래에 서서 있는 여자가 힐끗 눈에 띄었다. 준호가 들어올 때부터 거기 서있던 여자가 아직도 서 있는 것이다. 준호는 돌아서 있는 여자의 흘러내린 어깨, 알맞게 가는 허리를 보았다. 치마 아래로 보이는 쪽 곧은 두 다리.

준호는

'미인인 걸.'

하고 생각하자 잠깐 동안 미소가 그의 입가로 흘렀다.

'아름다운 사람은 신의 걸작품이야.'

누구의 격언인지를 입속으로 중얼거리며 문을 나서려는 순간이었다.

"어쩌면 모른 척하고 나가서요?"

준호가 주춤하고 돌아서는 것을 보고

"잠깐만 기다려 주서요. 같이 가요 네?"

준호는 두어 걸음 여자 있는 곳으로 가까이 갔다.

여자는 준호가 근무하는 회사의 여자 사무원 권영자였다.[5]

준호는 그가 영자인 줄 알자 무척 반가웠다. 바로 서너 시간 전까지 한집 한방에서 같이 일을 하던 이 여자가 마치 무인절도[6]에서 사람을 만난 때처럼 몹시도 반가웠다.

사실 준호는 지금까지 수없는 사람의 물결 속에서 걸어왔건만……. 그러나 그 사람들은 모두가 준화와는 관계없는 딴 세상 사람들이였다. 말 한 마디 웃음 한 번 교환해 본 적이 없는 사람들! 많고 많아 비록 모래알 같으나 준호에게는 적막한 '사람의 사막'이 아니고 무엇이랴.

"아, 언제 오셨댔소? 난 도무지 몰랐는데."

준호는 영자의 약간 연지가 물들어 있는 입술을 내려다보며 제법 크게 소리를 쳤다.

"난 첨으로 긴 상 들어오는 것 보고도 일부러 모른 척 하고 있었다나요? 호호."

하고 영자는 재미있는 듯이 웃는다.

'이렇게 어여쁜 여자였던가?'

준호는 속으로 생각을 하면서

"해금강 사진이 맘에 드신 모양이더군요. 나도 들어올 때부터 보았거든 하하."

"그럼 보시고도 잠자코 나가셨구먼."

하고 영자는 눈을 흘기는 시늉을 한다. 점원이 사진틀을 가져왔다.

"이번엔 아주 새까만 걸로 골라서 끼워 보았습니다만."

---

5 2화부터 그림은 정현웅으로 변경. 2화(『신가정』, 1935.11) 시작.

6 無人絶島. 육지와 멀리 떨어져 있는, 사람이 살지 않는 외딴섬.

영자는 고개를 갸우듬 하면서 사진틀을 들여다본다.

준호는 매일 회사에서 얼굴을 대하는 여자 사무원들과 말도 하고 웃기도 하였다. 그러나 그는 그 다섯 여자 중에 누구에게도 특별한 애정을 느끼지 못하였다. 하나 같이 얼굴이 희고 허리가 가늘고 목소리가 어여쁘고…… 이것은 그 회사에서 여자 사무원을 뽑을 때 반드시 취택하는 조건이였지마는.

혹시 신문에 무슨 야구전이나 축구시합이 발표가 되면 점심들을 먹다가 스포츠통인 Y군이

"암만해도 ××구락부[7]가 이길 걸."

하고 차를 훌훌 마실라치면

"왜 그래요, 이번엔 ×단이 이길 것 같은데요. 안 그래?"

하고 R이란 여자가 옆에 동무들을 돌아본다.

"어랍시오 천만에 말씀이올시다."

하고 S군이 눈을 끔뻑한다. 그러면

"아주 ×단이 어때서요? 작년에도 이기지 않았나베?"

하고 다른 여자가 참견을 한다. 이쯤 되면 벌써 남자들은 ××구락부 여자들은 ×단을 응원하게 되는 것이다. 준호는 첨부터 아무데도 가담을 하지 않았건만 그 이튿날 혹시 ××구락부가 지고 나면

"어떠시오?"

하고 준호의 귀에 대고 소곤거리고 지나가는 여자도 있는 것이다. 그럴 때에는 준호는 단지 빙그레 웃을 뿐이다.

---

7 倶樂部. '클럽'의 일본식 음역어.

어떤 때 아침으로도 일찌감치 회사로 나가게 되고 과장이 늦게 오는 날에는 누가 시작을 하였는지 새로 나온 활동사진 이야기가 나오고 경마장의 경과도 들을 수가 있다. 이런 이야기는 흔히 미혼자인 Y군이 중심이 되는 것이다. 아내도 있고 자녀까지 있는 준호는 여자 사무원들과 말하기를 꺼렸다기보다도 그러한 이야기에 어울려서 지껄이기가 귀찮은 까닭에 언제나 들을 상하고 그 큰 입으로 빙그레 웃고만 있는 것이다. 그 때문에 여자 사무원들이 준호 자신을 아기자기한 맛이 없는 사나이로 인정하리라 생각하였다. 또 그러한 인정을 받는다고 준호는 별로이 실망할 까닭도 없었다.

이러한 준호가 오늘 그림 집에서 권영자를 대할 때 마치 십년지기를 만난 듯이 지나치게 반가움을 느끼는 것이다. 이것은 준호뿐 아니라 적막하고 피로를 느끼는 그리고 비교적 선량한 맘을 가진 젊은이로는 가끔 경험할 수 있는 감정인지도 모르는 것이다.

"이게 어떨까요? 이 그림에 이 틀이 맞을까요?"

하고 영자는 지금 점원이 가져온 사진틀을 준호 앞에 내밀었다. 그것은 어떤 건물을 그린 유화이다. 지붕 꼭대기에 십자가가 붙어 있는 걸 보아 어느 교회당인 것 같기도 하다. 그림 전부가 단순한 직선을 가로세로 그은데 지나지 않건마는 간간히 가미한 음영이 그림 전체에다 알맞은 조화를 주었다고 볼 수 있다.

"호호호 ××교회당이야요. 서툴러서 야릇해요."

하고 영자는 그림을 빼앗을 듯이 앞으로 챈다. 준호는 조금 나온 듯한 영자의 이마를 건너다 보면서

"아니 훌륭한데요. 영자 씨가 그린 거야요?"

"호호호 아이 부끄러."

영자는 어린애처럼 상반신을 쏙 돌이킨다.

"그럼 이 틀로 정하시지요?"

점원이 재촉하듯이 말을 하자

"그걸로 해주시오. 더 골라 보았자 신통한 것도 없을 테고."

영자는 큼직큼직 지진 머리를 한 손으로 만지면서

"그리고 저 해금강 그림도 한 장 같이 싸주시오."

"네네, 네"

점원은 종이를 펴서 바쁘게 꾸러미를 만든다.

"해금강은 전부 직선으로 되어 있다고 볼 수 있지요?"

영자는 준호에게 동의를 구하는 듯이 이런 말을 한다.

"그렇다고도 할 수 있지요. 영자 씨는 직선이 많은 그림이 좋으십니까?"

"비교적 쉬울 것 같아서……."

준호는 고개를 끄덕끄덕 하며

"꼭 그렇다고도 할 수 없지만."

두 사람은 밖으로 나왔다. 어느덧 황혼도 짙어져 전등불이 제법 영채스럽게 반짝이고 있다.

"그림은 또 어느새 배우셨나요?"

"호호호 배우다니요? 그저 혼자 장난 삼아 그려보는 거야요."

준호는 평범 이하로 평범하게 보아온 이 여자의 어느 구석에 이런 재주가 숨어 있었던고 생각하자 그는 다시 영자의 반달형으로 그려진 눈썹을 건너다보는 것이다. 황혼 속에 떠오르는 영자의 뽀얀 얼굴이 새삼스럽게 이지적으로 빛나는 듯하다.

안전지대가 가까이 오자

"여기서 얼마 되지 않아요, 한 십 분 걸릴까? 걸어가면!"

영자는 걸음을 딱 멈추고 준호를 쳐다본다.

"어디가?"

"저 있는 아파트가 말이에요. 여쭈어 볼 말도 있고 잠깐만 들러 가시지요 네?"

준호는 시계를 들여다보면서

"지금이 여섯 시 삼십칠 분이라 집에 가보아야겠는데요."

준호의 말이 떨어지기도 전에

"부인께는 실례입니다마는."

영자는 방긋이 웃는다.

"좀 의논할 일도 있고요 잠깐만 들르실 수 없을까요?"

준호는 생각하였다.

'만약에 꼭 만날 일이 있었으면 회사에서 미리 통기라도 할 것인데 길바닥에서 우연히 만나가지고 물어볼 말이 있다 하는 것은 지어낸 인사말이겠지.'

이렇게 단안을 내리자

"집으로 가보아야겠어요. 기다릴 손님도 있고."

준호는 안전지대 쪽을 바라보았다.

"네, 그러서요. 그럼 미안합니다만 이것 잠깐만 들어주서요."

영자가 손에 들었던 꾸러미를 준호의 손에 놓자마자

"어여 오셔요. 방만 알으켜 드릴 터이니까요."

영자는 뒤도 돌아보지 않고 성큼성큼 앞서간다.

여기는 거리다. 이러니저러니 붙들고 문답하기도 무엇하고 그 보다도 준호의 맘속에

'혼자 사는 여자의 아파트 생활이란 어떤 것인고.'

하는 호기심이 그의 등을 밀어 준호는 단념한 듯이 영자와 나란히 섰다.

'착 착.'

경쾌하게 아스팔트를 차는 영자의 발소리를 들으며 준호는 아침에 자기 구두에 약칠을 하지 않은 것을 후회하였다.

북으로 꺾인 ××정 어구로 조금 들어갔을 때 백안수百眼獸처럼 창마다 전등이 켜 있는 아파트가 눈에 띄었다. 간간히 불빛 없는 방은 감겨진 눈처럼 답답스럽게 보인다.

"이층 동으로 셋째 불 없는 방 저게 내 방이야요."

영자는 걸음을 빨리 하면서

"자 어서 들어오세요."

준호는 여자를 따라 층층대를 올라갔다. No.21이란 방 앞에 이르러 두 사람은 섰다. 복도에 비치는 희미한 전등불 아래에서 핸드백을 열고

'짤깍.'

하고 문을 여는 동안 준호는 가만히 넥타이를 매만졌다. 벽에 있는 스위치가 영자의 손에 닫자마자 방안에서 눈이 부시는 광선이 쏟아져 나온다.

"자 들어오서요."

하고 영자가 손을 치는 데로 문안으로 들어서니 향긋한 냄새가 준호를 휩싸는 듯하다. 한편에 커튼을 쳐놓은 곳은 분명코 침대리라. 준호는 영자가 권하는 대로 창 아래 의자로 가서 앉았다. 동편 벽 아래에는 차

단스가 있고 그 위에 조선 옷 입은 인형과 불란서 인형이 얌전스럽게 기대어 있는 한 편에 날개 달린 조그마한 큐피드가 화살을 겨누고 서서 있다. 인형들 위에는 꽃 항아리를 안고 섰는 어린 아이의 그림이 연필로 그려진 것이 걸려 있고 그 맞은편 침대 옆에 양복 단스가 있고 그 곁에 책장, 책장 위에 무슨 풍경을 그린 그림이 걸려 있다. 그밖에 자그마한 테이블 축음기, 휴지 바구미들이 적당한 자리에 놓여 있다. 준호는 이렇게 아담스러운 방이 맘에 들었다.

'나도 독신으로 지내왔더라면 지금쯤 이런 아파트에서…….'

그런 생각도 머리를 스쳐갔다. 영자가 탁자 위에 놓인 전기풍로의 스위치를 틀고 주전자를 올려놓는다.

"심심하신데 이것이나 읽어 보시죠."

하고 책장에서 술 두꺼운 미술사 한 권을 꺼내어 준호 앞에 놓고 복도로 나간다. 준호는 조금 전에

'집에서 기다릴 손님…….'

하던 말을 잊어버린 듯 천천히 책장을 넘기면서 영자의 세련된 취미에 감탄을 하는 것이다. 그는 간간히 눈을 들어 벽 위에 그림들을 살펴보기도 하고 책장 위에 얹은 야국의 화분도 바라본다.

영자가 호호 하며 바쁘게 들어올 때에 주전자에 물은 쏴 하고 끓는 소리가 난다. 영자는 차감을 꺼내어 차를 만들고 양철관에서 과자를 내어 접시에 담아 가지고 어린애 곳공질[8] 제삿밥처럼 준호 앞으로 가져온다. 준호는 책을 내려놓고

---

8 소꿉질.

"이건 미안합니다."

"호호 천만에 말씀을. 차는 얼마든지 있으니까요 그 대신 맛은 없지만."

준호는 차를 마시면서

"저게 누가 그린 거야요? 저 연필화 말입니다."

"그것요? 아무 것도 아닙니다 그까짓 것."

준호가 말하는 그림은 전체가 원과 타원으로 되어 있는 것이다. 아이의 얼굴, 팔, 손, 꽃, 꽃 항아리…… 얼핏 보면 유치한 듯도 하지만 눈 있는 사람으로 보면 썩 익숙한 솜씨로 말하자면 급이 높은 그림이었다.

"영자 씨가 그린 거야요?"

준호는 한 손으로 포켓에서 손수건을 꺼내면서 영자의 얼굴을 건너다보았다. 영자는 얼굴을 테이블에다 대고 어린애처럼 준호를 치켜보면서

"그까짓 것 알아서 뭘 하서요? 제가 그린 거기에 이 방에 있겠지요."

"호, 영자 씨가?"

준호는 갈수록 여자의 재주에 놀라는 것이다.

"그래 어느 미술학교엘 다니셨어요? 혹시 개인교수라도?"

"저! 개인교수라기보다도 미술학교엘 한 일 년 반 다녔어요 동경서."

갑자기 영자의 얼굴이 흐려진다. 그는 손톱으로 테이블보에다 금을 지우면서

"아버지가 돌아가시니까요 부득이 직업학교엘 들어갔지요."

억지로 웃어 보이려는 영자의 얼굴은 준호의 맘을 아프게 하리만큼 애처로웠다.

'세상에는 내 과거와 비슷한 사람도 있구나.'

준호는 속으로 생각하면서

"그래 아까 물어 보겠다던 말은 무엇이에요?"

영자의 기분을 고치려 화제를 돌리는 것이다.

"네! 그럼 말씀할까요?"

영자는 고개를 들고 명랑하게 웃어 보인다.

"저."

똑똑 똑똑 노크하는 소리가 들리자 영자가 벌떡 일어나서 문 밖으로 고개를 내민다. 조금 전에 주문한 저녁밥이 들어온 것이다.

"그저 이런 것이나마 잡숴 보서요. 부인 솜씨에야 대일수 없지만, 호호호."

두 사람이 먹기에는 너무 많으리만큼 여러 가지의 청요리다. 영자는 음식 그릇을 테이블 위에 죽 벌려 놓고 소독제 껍질을 족족 벗기면서

"저 다른 게 아니라 긴 상을 저 선생님으로 뫼시고 싶어서요."

그렇게 잘 웃는 영자가 이번엔 웃지 않고 준호를 똑바로 쳐다본다. 그 새별 같은 두 눈이 준호의 굽실굽실한 머리털로부터 약간 창백한 그러나 잘 정돈된 이마 그리고 조금 넙죽한 코, 큰 입, 넓은 턱을 지나 좀 길다할 수 있는 목, 쩍 벌어진 어깨를 거쳐 몸집에 비하여 훨씬 적은 발까지 더듬어 내려간다.

"…………"

준호는 물론 영자의 말뜻을 알아들을 수가 없다. 그는 만두를 덥석 베어 문 채로 고개를 갸우듬하여 보였다.

"호호호 선생님, 오늘부터 선생님이라고 부르겠습니다. 선생님을 모두들 미남자라고들 그러는데요."

준호는 얼굴이 화끈하여지는 것을 깨달았다.

"무슨 말인지 의미를 모르겠군."

하면서 공연히 양장피에다 초를 찔끔찔끔 붓는다. 준호는 되도록 조심을 하는 데도 어째 음식을 씹는 소리가 쩝쩝 나고 삼킬 때마다 절꺽절꺽하는 소리가 나는 듯해서 약간 불안하였다. 준호는 여자와 단둘이서 식사하는 것이란 여간 괴로운 역할이 아닌 것을 깨달았다. 저녁이 거의 끝이 나고 영자가 깎아 놓은 능금을 집을 때 집에서 기다릴 아내의 얼굴이 잠깐 동안 눈앞을 스쳐갔다. 영자는 축음기를 틀려고 레코드를 얹는다. ××사중창이 지나가고 그 담에 유모레스크를 걸어 놓고 영자는 준호 앞으로 와서 교의에 앉았다.

"저 아까 하시려던 이야기를 들려주시지요. 너무 오래 앉았으면 미움받을 테고."

준호는 모자를 만지작거렸다.

"무척 시하[9]신 모양이야."

혼잣말 같이 하고 영자는 입을 비쭉하여 보인다.

"시하라니요?"

"처, 시, 하."

"온 천만에 그럴 리가 있나요. 그건 너무 모욕인데요."

"호호호 그럼 취소할 터이니 인내서요."

영자가 준호의 모자를 싹 뺏는다. 레코드를 이것저것 한참 고르더니

"이게 어때요? 저는 이 곡조를 퍽 좋아합니다."

---

9 侍下. 부모나 조부모를 모시고 있는 처지. 또는 그런 처지의 사람.

영자는 레코드판을 들고 준호의 교의로 바싹 다가선다. 그는 한 팔을 준호의 앉은 교의 뒷전으로 걸치고 상반신을 갸우듬히 준호의 얼굴을 들여다본다. 순간 준호는 어깨에 스치는 연한 탄력을 감각하였고 향긋한 머리 냄새가 가슴속까지 스며드는 듯하였다.

'사랑의 노래.'

준호는 가만히 읽었다. 영자는 레코드를 돌리면서 준호를 자주 바라다본다. 준호는 갑자기 자기 자신이 다섯 살 아니 열 살이나 젊어진 듯 명랑하여졌다. 영자는 준호와 눈이 마주칠 때마다 눈을 치켜뜨며 방긋이 웃고 웃을 때마다 아랫입술을 약간 깨무는 것이다. 영자의 이 웃음은 준호의 중추신경에 전류처럼 스쳐가는 것이다.

레코드는 끝이 났건만 무슨 곡조가 지나갔는지 준호의 기억에 조금도 남지 아니하였다.

"선생님 저 그림 좀 가르쳐 주서요. 네?"

어린애 같이 사기 없는 얼굴에 영자는 어디인지 준호를 뇌살[10]시킬 만한 매력이 나타나는 것이다. 마치 거미가 한 가닥 한 가닥씩 줄을 토해 내듯이.

"네? 가르쳐 주시겠지요? 회사에서 나오시는 길에 매일 한 시간씩."

"내가 무엇을 안다고……."

"죄다 알아요. 선생님이 미술학교엘 이 년까지 수업하신 것을 호호."

"자 어서 드서요."

하고 영자는 트럼프를 테이블 위에 갈라놓는다.

10 '뇌쇄(애가 타도록 몹시 괴로워함)'의 원말.

“지는 사람은 팔뚝 맞기야요.”

준호는 대번에 영자에게 팔뚝을 맞았다. 그 다음에는 영자가 지게 되자 그 하얗고 매끈매끈한 팔뚝을 준호 앞에 내여 놓았다. 준호는 오래간만에 맘껏 웃었다. 그리고 즐거웠다. 열 시가 지났을 때 준호는 일어섰다. 그러나 영자는 움직이지 않는다.

“이번 한 번만 더해요. 선생님이 이기시면 부인께로 돌아가시고요 제가 이기면 삼십 분 더 계속하여 트럼프 하기로.”

결국 준호는 삼십 분 동안 영자와 트럼프를 하게 되었다. 열한 시에서 오 분이 남았다.

“자 그럼 실례하겠습니다.”

준호는 광채 나는 눈으로 영자를 바라보았다.

“싫어요.”

영자는 문으로 가서 등을 기대고 선다.

“어여 그러지 말고 자…….”

“그럼 내일 저녁에 오신다면 열어 드리지요.”

준호는 이렇게 대담한 영자의 태도가 탄산수처럼 가슴속에 스며드는 것을 느끼었다.

“그럼 내일 오리다.”

하고 빙그레 웃었다. 언제부터 감춰 들고 있었던지 영자가 준호의 모자를 살짝 머리 위에 얹어 준다.

“고맙습니다. 그럼 내일까지.”

준호가 돌아서서 문고리를 잡으려 할 때이다. 영자는 하얀 두 손을 준호 앞에 내밀었다. 준호는 약간 떨리는 손으로 영자의 두 손을 꼭 모아 쥐었다. 영자는 살며시 문을 열어 준다. 준호는 복도로 나왔으나 영자에게서 보이지 않는 쇠사슬이 나와서 자기의 발을 얽어놓은 듯 그는 한참이나 문 밖에 서있었다. 이윽고 결심한 듯이 층층대를 달려 내려왔다.

준호가 밖으로 나와서 덧걸음 걸어가다가

"동쪽으로 셋째 방."

입속으로 중얼거리면서 아파트를 돌아보았다. 그 셋째 방 창문에는 영자가 지켜 섰던 모양으로 준호가 돌아다보는 순간 무엇인지 휙 내던지는 것 보인다. 준호가 빨리 가서 집어보니 하얀 손수건에 인형이 쌓여 있다. 가등 아래 비친 인형은 차단스 위에 놓였던 화살을 겨누고 서있는 날개 돋친 큐피드다.

이 일이 있은 뒤로 준호의 생활은 궤도를 벗어나기 시작하였다.[11] 그는 저녁 다섯 시나 늦어도 여섯 시면 꼭꼭 집으로 돌아가던 것이 요사이는 대개로 저녁 밥상은 소박 받은 색시 모양으로 윗목에서 고스란히 밤을 새우는 때가 종종 있게 되었다. 결혼한 지 사 년 동안에 한 번도 의심나게 하던 일이 없는 남편인지라

"어! K군이 떠난다고 전별회가 있어서, 미안하오."

하고 밤 열두 시에 들어온 때는 순애는 그래도 안심하고 얼근히 취한 남편의 양복 윗저고리를 벗겨 주었다.

열한 시 열두 시가 한 시 두 시로 그러나 한 시 두 시가 세 시 네 시로 변하고 그러다가 사뭇 밤을 새우고 들어오는 준호를 향하여 순애는 의심하지 않을 수 없게 되었다. 지금도 열한 시를 쳤건만 남편은 돌아오

11 3화(『신가정』, 1935.12) 시작, 권호 목차에 저자가 박화성으로 잘못 기재되어 있음.

지 않는 것이다.

제발 좀 잠이 들었으면 하고 있으나 바람 소리는 왜 이리 요란한지 멀리서 뿡뿡 하고 자동차의 경적이 들릴 때마다 순애는 귀를 기울였다. 그러나 그러나 순애는 가만히 한숨을 쉬었다.

말랑말랑 빨다가 쉬고 쉬다가 빠는 젖꼭지를 놓고 아이가 혼곤히 잠이 든다. 순애는 잠잠히 아이를 내려다본다.

머리털이 노랗고 이마가 훨렁 벗어진 어린아이는 지난 사월에 난 둘째 딸 은자이다.

순애는 자는 아이의 노란 머리에 입을 대었다. 보숭보숭하고 매끈매끈한 머리칼에서 향긋한 커피 냄새가 풍긴다.

'비누로 씻겨 주었는데 어린애 몸에서는 언제나 고소한 냄새야.'

속으로 생각하면서 탐하는 듯이 아이의 몽실몽실한 뺨에 턱에 입술을 대었다. 아이의 턱 아래서 새어나오는 새큰하고 달콤한 향기.

순애는 가만히 자는 아이의 손을 쥐었다. 꼭 쥐지도 않고 다 펴지도 않은 그 부드러운 적은 손.

순애는 아이의 손끝을 가만히 폈다가 살그머니 놓았다.

손은 사르르 반만치 닫혀진다.

마치 그 손에는 가느다라한 '젠마이'[12]가 걸려있는 듯이.

순애는 다시 아이의 손바닥을 살며시 폈다. 그리고 엄지가락과 식지 사이에서 뻗어 나온 금을 보았다.

'이만하면 됐어. 일찍 죽지는 않겠지. 오래 살걸. 칠십은 넘겠지.'

---

12 ぜんまい. (식물)고비.

순애는 만족한 듯이 미소하였다.

'재산은? 어디 재산금이 흘렀다. 돈은 헤프게 쓸라나?'

순애는 고개를 갸웃하고

'아이의 손금이니까 자꾸 변하는 게니까 그러나 사람의 운명을 누가 안담.'

지난 여름까지 평화스럽던 자기 안방이 오늘은 사막처럼 쓸쓸해 질 줄야.

어린 아이의 베개를 바로 베우고 포대기를 꼭꼭 눌러주었다.

문득 아이의 누운 자리가 서늘한 것을 깨닫자 낮에 나무장사의 퉁명스런 목소리가 귓가에 들리는 듯하다.

"못하겠습니다 못해요. 먼저 달치도 사뭇 그냥 있지 않아요 안 돼요."

하고 고개를 돌려버리는 바람에 순애는 얼굴에 모닥불이나 붓는 듯한 부끄러움을 느낀 것이다.

'쌀값도 그대로 있는데 벌써 쌀은 내일 아침이나 먹을까 반찬 가게에서도 잔소리지 병원에서는 몇 번째 독촉이 오고 츳.'

순애는 혀를 찼다.

'아무래도 이상한 일이야. 벌써 두 달 치나 월급을 못 받았다고 하지만 알 수 없는 일이야.'

아직 때도 묻지 않은 칼라와 와이셔츠를 벗어 놓으면서

"세탁 잘 하시우. 비누 냄새가 난단 말이야. 남 앞에서 일을 하는 사람이 체신이 깨끗해야."

하던 남편의 말도 생각이 난다.

준호가 웬일인지 요사이는 속옷을 이삼 일이면 새 것으로 바꾸어 입고 양말은 거의 날마다 갈아 신는 것이다.

그나마 말짱한 새 것으로 이런 일은 전에는 절대로 없었던 것이다. 그러다가

"이건 모두 선사받은 것이야."

하면서 속옷과 양말 꾸러미를 안고 들어오기도 하는 것이다. 어째 선물은 꼭 남편의 것으로만 들어오는지.

'이상한 일이다. 정말 월급은 못 받았을까?'

순애는 앞 이빨로 손톱을 잘근잘근 씹는다.

바람은 생각난 듯이 짜르르 문에다 모래를 갖다 끼얹는다.

순애가 또다시 쳐다보는 시계! 이제 십 분만 있으면 열두 시다.

'오늘도 늦어지는구나.'

대체 무엇을 하러 다니는 게야. 밤낮 무슨 일이 그리 바쁜지! 순애는 고개를 흔들었다.

갑자기 그 준수한 남편의 얼굴이 어떤 낯선 계집을 향하여 방탕스럽게 웃고 있는 환영이 지나가자 순애는 몸을 떨었다. 이 생각을 가지고 벌써 석 달 동안 몇 번이나 혼자서 성내고 혼자서 부인하고 그리하여 차라리 여편네가 있다고 바로 말이나 해 주었으면 하였다. 기연가 미연가[13] 몽롱한 안개처럼 의심이 덮쳐 오는 것은 생생한 질투보다 천 배나 오히려 더 괴로운 것으로 느낀 까닭이다.

그러나 설마! 남편이 그렇게 사리에 닿도록 설명을 하지 않던가.

'중역과 같이 간 연회에는 미리 나오지 못한다고.'

13 '긴가민가(그런지 그렇지 않은지 분명하지 않은 모양)'의 본말.

순애는 이렇게 중얼거려 보고 뱀대가리처럼 일어나는 무서운 의심을 잊으려 하였으나 아무래도 알 수 없는 것은 그날마다 양말을 갈아 신고 속옷을 바꾸어 입는 것이다.

'그렇다. 분명코 무슨 까닭은 있을 것이다.'

핏빛 같은 연지를 칠한 입술이 순애를 비웃는 환상으로 지나간다.

순애는 터지는 듯하는 가슴을 안고 이불 위로 넘어지듯 몸을 던졌다.

'안잠자기[14] 한 번 두지 않고 이렇게 밤낮 내 손으로 진 일 마른 일 다 하건만 그런 본정도 몰라주고.'

순애는 이렇게 생각하자 분함과 설움이 북받쳐서 흐덕흐덕 느끼며 우는 것이다.

'남자란 소용없어. 자식이야 어찌되던 여편네야 죽든 살든.'

순애는 두 손으로 이불을 움켜쥐고 머리를 처박았다.

'정말 내 오늘 저녁에는 물어보고야 말 테야.'

순애는 약간 큰 입을 꼭 다문 채로 이불에서 몸을 일으켰다.

두 시가 지났건만 준호는 돌아오지 않는다. 울어도 몸부림하여도 돌아오지 않는 사람을 기다리지 말자는 듯이 순애는 경대 앞으로 가서 얼굴을 고치고 머리를 만졌다.

'내가 왜 울어 싱겁게. 제가 날 푸대접하면 나도 그렇게 생각하면 고만이 아니냐.'

하면서도 어찌 가슴속에 꼬챙이가 가로 질린 듯한 고통을 어찌할 수 없다.

'대관절 물어보고 만약 그러한 여자가 있다면? 아 양보하지 뭘. 정말?

14 여자가 남의 집에서 먹고 자며 그 집의 일을 도와주는 일.

아이는 어떡하고.'

순애는 또다시 얼굴을 두 손으로 쌌다.

시계는 벌써 세 시를 쳤다.

준호는 세 시가 치는 소리를 듣고 영자의 머리를 살짝 베개 위에 얹어 두고 침대에서 일어나려 하였다. 그러나 영자의 두 팔은 다시 문어발처럼 준호의 허리에 감기는 것이다. 준호는 애원하다시피 영자를 달래고 달래어서 문 밖으로 나온 때는 오전 세 시 반이 조금 지났을 때이다. 자동차에 몸을 싣자 쿠션의 축축한 습기가 지금까지 자던 준호의 몸에 소름을 끼치게 하였다.

아파트도 차츰 멀어지고 눈썹 같은 하현달[15]이 인왕산 머리에 걸린 걸 내다보면서 준호는 오늘도 혀를 찼다.

'저 여자와는 하루라도 속히 청산해 버려야 되겠는데. 석 달 동안 벌써 빚이 몇 백 원이야? 그나마 회사 돈을.'

어떤 공포가 지네발처럼 갑자기 가슴 한복판을 설레는 것을 느끼면서 그는 팔짱을 끼고 고개를 숙였다.

집이 차츰 가까워지자

'오늘 밤도 자지 않고 기다리고 있겠지.'

하고 아내를 생각하여 보았다.

'거짓말 핑계도 할 대로 다 했으니 이제는 무어라고 할 말이 없단 말야.'

하고 고소[16]를 하면서 대문을 한 번 밀자 삑 하고 열렸다. 전과 같이 자기의 돌아옴을 기다리고 있는 것이다.

---

15 매달 음력 22~23일에 나타나는 달. 반원 모양으로 반달이라고도 함.

16 苦笑. 쓴웃음(어이가 없거나 마지못하여 짓는 웃음).

준호는 마당으로 들어서자 영창문에 아내의 머리가 비치어 있는 것이 보일 때 갑자기 두발에 쇠고랑을 채운 듯이 발 뿌리가 무거워졌다.

"에헴."

하는 기침소리는 분명코 남편 김준호가 돌아오는 것이다.

순애는 반사적으로 시계를 쳐다보니 네 시 십 분 전이다.

순애는 그래도 책에서 눈을 떼지 않고 앉았으나 자기가 무엇을 읽고 있는지 그저 까만 글자들이 오물오물 하고 나아가는 것뿐이다.

남편이 대문을 걸고 마루로 올라선다. 전 같으면

"이제 오서요."

하고 마주 방문을 열 순애이지만 오늘 저녁은 책상머리에 돌아앉은 채 눈도 떠보지 않는다.

준호는 부숭부숭한 얼굴로 연행 하품을 하면서 넥타이를 끄르는 때이다.

순애는 보던 책을 덮고 이쪽으로 돌아앉는다. 남편을 쳐다보고는 두 눈이 금시로 콕 찌르려는 송곳처럼 무섭게 날카롭건만 준호는 못 보았는지 잠자코 침의를 걸치고는 이불 속으로 들어간다. 순애의 시선이 눈이 부신 탓인지 준호는 이불을 치켜서 이마까지 덮고 자는 양하고 누워 있다.

순애는 눈도 깜짝 거리지 않고 준호를 쏘아보고 앉았다.

'어딜 가서 어떤 년과 홍청거리다가 이제야 들어오나?'

하는 생각을 하자 금시로 이불 속에는 구렁이가 서리고 누웠는 것처럼 순애는 진저리를 쳤다.

순애의 허리가 일 분 동안 와들와들 떨렸다. 그러나 눈 깜짝할 사이

소리개가 병아리를 덮치듯 순애는 남편이 덮고 누운 이불을 확 젖혀버렸다.

별로 놀라지도 않고 성도 내지 않는 준호는 눈을 감은 채 누워 있다.

"왜이래?"

하고 준호는 천천히 이불을 덮는 것이다. 순애는 준호의 태연한 얼굴빛을 볼 때 활활 타오르는 솔개비로 전신을 지글지글 데우는 듯한 분노를 느끼었다. 그는 그 무서운 감정의 회오리에 쫓긴 것처럼 두 손으로 준호의 가슴을 움켜쥐었다.

"마 말을 해요. 나 말고 다른 여인이 있으면 그 여인과 살라구요."

순애가 젖 먹던 힘을 다하여 몸을 젖히는 순간 준호의 융으로 만든 침의는 아무렇게나 찢겨졌다. 준호는 벌떡 일어났다. 씨근씨근 그의 호흡은 황소 소리처럼 거칠어졌다. 불끈 솟아오르는 분노가 홍수를 만난 제방처럼 터지려는 순간이다.

"애 앵앵앵."

은자가 잠이 깨었는지 우는 것이다. 순애는 얼른 두 손으로 아이를 안아 젖을 물렸다.

아이를 안는 아내. 준호는 자기의 자식의 어머니인 순애를 바라보자 그는 고개를 숙이였다.

후회가 그의 맘 깊은 곳을 흔드는 까닭이다. 그는 한참 동안 묵묵히 앉았다가

"여보 왜 이러는 게요 오늘 밤엔?"

하고 부드럽게 입을 열었다.

"내가 밤출입을 과히 한 것은 확실히 나의 잘못이요. 그러나 두고 보

시오. 며칠만 있으면 전과 같이 일찍 돌아오지요. 최후 이분 간이외다 최후 이분 간."

준호의 오늘 밤 이 말은 진정으로 하는 말이다. 그러나 아내는 몇 번이나 몇 번이나 들어오던 그 말이다. 석 달 동안이나.

남편이 영자와 자고 온 것을 모르는 순애는 행복이라 하겠다. 그러나 지금 참으로 후회하는 남편의 말을 모르는 순애는 또한 불행이다.

"듣기 싫어요."

순애는 소리를 꽥 질렀다.

"비겁하게 사내대장부가 왜 번듯하게 나는 좋아하는 계집이 있다고 말을 못하우. 아 그래 내가 그렇게 겁이 나나? 하하하."

순애는 히스테리컬하게 웃고 이를 뽀드득 갈았다. 그 홍성홍성 드물어진 정수리엔 머리칼이 우수수 일어서고 있다.

준호는 눈살을 찌푸리며

"어여 그러지 말고 일찌감치 자우."

하고 이불 속으로 들어갔다.

"일찍이? 아 여보 정신이 있나 없나, 날이 다 샜소. 지금이 몇 시기에 하하하."

순애는 또다시 준호의 덮고 있는 이불을 벗겼다.

"자 그러지 말고 오늘 밤에는 무슨 귀정이든지 짓기로 합시다."

순애의 음성은 점점 높아진다.

"나도 밤잠 못자고 귀신처럼 앉아서 밤을 새는 것도 못할 일이구요 당신도 당신하기 좋은 일을 옆에서 이러니 저러니 하는 소리도 귀찮을 것이니."

"그럼 이혼을 하잔 말요?"

준호가 또다시 벌떡 일어났다.

"그렇게라도 합시다. 정말 나는 이후에 더 못하겠소. 차라리 죽는 것이 낫지."

준호는 벌떡 일어나더니 침의를 벗고 다시 양복을 주워 입는다. 외출할 모양이다. 넥타이를 매는 것을 보고

"왜 겁이 나서 도망이야?"

하고 순애가 소리를 질렀으나 남편은 벽에 걸린 모자를 떼어 들고 문을 소리가 나도록 홱 열어젖히고는 마당으로 내려간다. 지금 준호의 눈앞에는 폭삭하고 녹신녹신한 영자의 침대가 손짓하며 부르는 것이다.

"아무렇게나 될 대로 되겠지."

중얼거리며 준호는 다시 근처 자동차부로 들어갔다.

남편의 발소리가 대문 밖으로 사라지자 뜨거운 눈물이 색색하고 무릎 위에서 잠이 들어있는 어린아이 얼굴에 빗방울처럼 떨어졌다. 순애는 아이를 내려 눕히고 자기도 그 곁에 누웠으나 전신이 나른해오면서도 잠은 영영 오지를 않는다.

어느덧 차차 날이 밝으려 한다. 순애는 정신을 잃은 사람처럼 맞은편 벽만 바라보고 누워 있다. 순애가 바라다보는 벽에는 풍경을 그리 유화가 한 개 걸리어 있다.

그것은 순애가 ××여학교 졸업반에서 도화 시간에 그린 것이었다. 도화 선생은 전교에서 제일 잘 그린 그림이라 하여 학생 전람회에 학교 대표작으로 보낸 일까지 있었던 것이다.

'나도 저런 시절이 있었는가.'

순애는 괴롭게 웃었다.

'저런 걸 그려가지고 칭찬받는 시절이 있었겠다.'

상병 군인이 녹슨 훈장을 들여다보듯 순애는 그림을 바라볼 때 일천 가지 감개가 순애의 영혼에 귓속질을 하고 그리하여 그 귓속질은 잠깐 동안 순애를 처녀시절 굽힐 때 매일 때 없던 그 즐거운 시절로 데리고 가는 것이다.

삼 학기가 되자 도화 선생은 몇 번이나 순애에게 미술학교로 가보라고 권면을 하였다.

졸업날도 얼마 남지 아니한 어느 날 순애는 교장실로 불려갔다.

"어떻소, 박순애는 미술학교 갈 맘 없소? 최영자는 동경 미술로 정하였소. 내 생각엔 순애도 같이 갔으면 좋겠는데. 학비는 학교에서 부담해도 좋소. 졸업한 뒤 갚아주면 그만 아니요. 어떻소 미술학교."

순애가 뛰는 가슴으로 미술학교를 갈 생각을 하고 집으로 돌아온 때 순애를 기다리고 있는 운명은 미술과는 거리가 먼 결혼 문제였다.

순애 앞에 놓인 운명의 길은 이제 갈래 길에 이른 것이다.

그러나 순애는 한 평범한 처녀였다.

'얌전한 처녀로, 착한 며느리, 착한 아내.'

학교에서는 그렇게 가르치고 지에서도 그런 말만 듣고 오는 순애는 만인이 다 가는 이 넓은 길로 들어섰다.

그리하여 순애는 졸업하던 그 가을에 김준호의 착한 아내가 되어 남편의 내복, 양말, 코수건을 빠는 동안 어언간 두 아이의 어머니가 되고 그리고 그렇게도 동무들의 부러움과 선생의 찬사를 받고 신문에까지 떠들던 저 풍경화의 존재까지도 잊어버렸던 것이다.

순애는 진실로 현모양처가 되어 그날그날의 소소한 가정 일에 얽매어 오는 동안 순애가 쓰던 캔버스와 그림 도구는 다락방 한구석에서 뽀얗게 먼지를 둘러쓰고 있는 것이다. 순애는 갑자기 벌떡 일어났다. 그는 무슨 생각이 났던지 다락문을 열었다.

남편이 나간 뒤에 순애는 다락문을 열었다.[17] 거기에는 순애의 지나간 처녀시절이 있었다.

뽀얗게 먼지를 뒤집어 쓴 채로 캔버스 덤불, 물감 푸는 접시들! 순애는 오래 동안 잊었던 친구의 손목을 쥐는 것처럼 그 하나하나를 가만히 만져보는 것이다. 갑자기 순애는 친구들의 귓속말에 귀를 기울였다.

'너는 자유를 원치 않느냐.'

순애의 눈앞에는 탁 티인 학교 마당에서 테니스 채를 쥐고 겅중겅중 뛰던 자기의 모양이 날아왔다. 전차에 오르고 내릴 때 같이 웃고 이야기하던 동무들의 얼굴도 지나갔다.

'지금이라도 늦지 않아. 네 운명은 네가 개척할 수 있는 거야.'

먼지를 뒤집어 쓴 그림 도구들은 연해 소곤거리는 것이다.

일순간 순애의 눈앞에는 푸른 사무복을 걸치고 주판을 앞에 놓고 서 있는 여자 사무원, 타이프라이터, 전화교환수, 유치원 보모 가지각색의 직업여성의 환영이 지나갔다.

'하다 못해 버스걸은 못 될라구?'

끝없는 아스팔트 길이 순애를 나오라 손짓하는 듯하다.

'내가 일하여 내 양식을 얻는다. 얼마나 재미있는 일이여.'

---

17 4화(『신가정』, 1936.1) 시작.

순애의 생각은 날개가 돋친 것처럼 생각에서 생각을 배회하는 것이다.

'버젓하게 살아 볼 테야, 독신으로…….'

하고 남편의 그림자를 향하여 코웃음을 치는 때이다.

"엄마, 밥."

하는 소리가 방에서 들려온다.

비로소 순애는 햇살이 가득하여진 다락에서 내려왔다.

옥순이는 요강에 올라앉은 채 말똥말똥 엄마를 쳐다보면서

"엄마, 밥."

한다. 은자는 건강한 아이의 잠이 깬 상태대로 주먹을 빨면서 두 발을 버둥버둥 한다. 순애는 옥순의 뒤를 씻어주고 어린아이의 젖은 기저귀를 갈아주고 젖을 물렸다.

갑자기 진실로 갑자기 이 두 어린아이를 향하여 불쌍한 생각이 순애의 뼛속에서 솟아올랐다.

순애는 한 손으로 은자를 가슴에 꽉 안고 다른 한 손으로 옥순의 허리를 안았다. 무릎 가까이 앉혔다.

"엄마 돈 벌어가지고 올게. 너 아버지 말 잘 듣고 집에 있어."

"…………."

아이는 엄마 말뜻을 잘 못 알아들은 듯이 그 새까만 눈을 말똥말똥 뜨고 엄마를 쳐다본다.

"엄마허구 아빠허구 살아."

"엄마는 돈 벌러 간단다."

"나두 갈 테야."

옥순은 그제야 알아들었는지 그 적은 두 손으로 엄마의 어깨를 꽉 붙

드는 것이다.

"엄마 나두 가 응 엄마."

일점의 사기 없는 옥순의 두 눈이 엄마의 얼굴을 들여다본다.

'내가 없으면 이것들이…….'

순애의 눈에서는 뜨거운 눈물이 주르르 쏟아졌다.

'그러나 어린 것을 데리고 나가서는 아무 것도 못할 게 아니냐.'

옥순이와 은자는 순애의 손을 십자가에 못 박는 두 못처럼 순애의 공상을 현실에다 붙들어 매는 것이다. 엄만의 눈에서 눈물이 떨어지는 것을 본 옥순은

"엄마 울지마, 울지마."

하고 달겨 든다.

"엄마 울지마."

하는 옥순의 목소리는 어느덧 울음으로 변하려 하는 것이다.

"안 운단다, 애."

하고 순애는 억지로 웃는 얼굴을 지어보이자 옥순은 안심한 듯이 방그레 웃는다. 그 새까만 눈에 눈물을 하나 가득 담은 채로.

순애는 쌀바가지를 가지고 부엌으로 내려갔다.

'지금쯤 남편은 어디 있을까, 새벽에 나가서 어디로 갔을까 누구 집에?'

이런 생각을 하는 순애의 맘은 젖은 나무로 불을 지피는 아궁이처럼 괴로운 것이다.

'새벽에 나가는 것을 붙잡기나 해봤더라면.'

하는 생각도 지나갔다.

이날 아침도 가장 없는 밥상에 젊은 어머니와 어린 두 딸이 마주 앉았다.

순애는 하루 종일 이 생각 저 생각에 일도 손에 잘 잡히지 않았다.

'암만해도 아이들은 두고 나갈 수는 없고.'

차라리 쥐 잡는 약이라도 사다 두 아이들과 나누어 먹고 죽어 버릴까 하는 생각이 여름 밤 한날을 스쳐가는 혜성처럼 지나가기도 한다. 그러나 그는 고개를 흔들었다.

'죽으면 나 혼자 죽지 왜 죄 없는 이것들을……. 어느 집 가정교사라도 들어갈 수 있으면.'

하고 한숨을 쉬었으나 그러한 착한 집은 좀처럼 있을 것 같지도 않다. 남편의 밥상이 윗목에서 고스란히 놓인 채 또다시 한밤은 새웠다. 남편이 밖에 나가서 나흘 밤이나 돌아오지 않는다.

순애는 쓸쓸히 웃었다.

영자의 아파트에서는 오늘도 그림이 시작되어 있는 것이다.[18]

"조금 고개를 이편으로……. 오 옳지, 됐어요 됐어."

하고 영자가 소리를 치면서 바쁘게 붓을 놀리는 것이다.

"아이 움직이지 말라니까……."

"그럼 코끝이 서물거리는 걸 어떡하나."

감기 기운이 있는지 준호의 음성은 약간 콧소리로 들리는 것이다.

"자 그러면 실컷 코를 문질러요. 나도 잠깐 쉴 테니."

하고 영자는 테이블 위에 놓인 담뱃갑에서 담배를 한 개 꺼내는 것이다.

준호는 기지개를 켜면서 침대 위로 가서 벌떡 자빠졌다. 영자는 여기저기 에노구[19]가 묻은 가운을 입은 채로 준호가 누어있는 침대로 와서

---

18 문장의 앞에 오(五)라고 번호가 기제 되어 있음.

19 えのぐ. 그림물감.

허리를 걸치었다.

"후."

하고 담배 연기를 준호의 얼굴에 뿜었건마는 준호는 고개를 돌이키려고도 하지 아니하고 멀건이 천장을 지키고 있는 것이다.

'집에 가 보아?'

하고 속으로 준호는 생각하고 있다.

그러나 요전 날 밤에

"이혼을 하든지 정말 무슨 규정이라도 내고 맙시다."

하고 암범처럼 달려들던 아내의 얼굴이 나타날 때

'아무러면 어때.'

하고 준호는 두 손으로 뒤통수를 안았다.

"여보세요."

"…………."

"나 좀 보세요."

"…………."

"이게 입선이 못 된다면 어떡해요?"

아무런 대답도 없이 멀건이 유리창 밖으로 눈을 보내고 누어있는 준호를 바라보던 영자는 재미있는 듯이

"호호호."

하고 웃으며 한 손으로 존호의 둥근 코를 힘껏 잡아당겼다.

"아파."

"뭘 생각하는 거야요."

창 밖에 전신대 위에는 참새들이 죽 내려앉아 있다. 준호는 지금 자

기의 맘이 저 전신대 위에 앉은 참새와 같다고 생각하였다. 아내와 영자에게 대한 사랑은 지금 꼭 수평을 가지고 있는 것이다. 누가 더 무겁고 덜 무거운 것은 아니다. 처음에 장난으로 시작하였던 영자와의 관계가 이제는 손발 하나 까딱할 수 없도록 요리조리 꽁꽁 묶여버리고 만 것이다. 사실 영자는 준호의 맘을 아니 그 몸까지 사로잡을 만한 애교가 있다. 정열이 있다. 그리고 청춘이 있거니 준호의 눈에 비친 영자의 맘이 그렇게 순진하고 그 사랑이 그토록 완전함이에라.

준호가 눈썹 하나 움직이면 벌써 영자는 준호의 가슴속에 무슨 생각이 지나가는 지를 짐작하는 총명한 영자가 아니냐.

사실 영자는 피곤한 준호에게 활동의 자극이 되고 한날 한날의 생활에 대상이 되는 것이다.

처음에는 맛있는 술을 한 잔 마시는 것 같이 그저 황홀하였었다. 그러나 날이 가는 대로 그 술은 준호의 신경을 마비시키고 마침내 그의 피는 영자가 아니면 견딜 수 없을 만큼 그는 영자에게 중독이 되고 말았다. 이 중독은 아편처럼 준호의 몸과 혼을 황홀한 꿈속으로 이끌어가는 것이다. 그러나 아내 순애가 준호의 향락을 방해하고 적대하는 것은 크나큰 괴로움이다.

괴롭기만 하다면 아내를 영영 보지 않으면 그만이다. 그 밉살스러운 아내의 얼굴, 그 틉틉하고 추한 자기 집 안방에서 영원히 도망하여 버렸으면 그뿐일 것이다. 그러나 준호는 그렇게 하지 못하는 것이다. 이상한 일로 그는 아내는 아내대로 믿고 사랑하는 것이다. 자기 두 딸의 어머니로 자기 집 가난한 살림을 지켜주는 친구로. 그 때문에 준호는 아내는 아내대로 집을 지키고 자녀를 기르고 그리고 언제나 자기에게 웃음을 보여주고 자기를 믿고 의지하여 주었으면 하는 것이다. 자기가 향락에서 피곤하여 돌아갈 때 따뜻하게 맞이해주었으면 좋은 것이다. 영자도 좋고 순애도 놓지 못할 사람이다.

양수집병![20]

준호는 그것이 어떠한 의미에서 생겨난 말인지는 모르나 지금까지 자기 맘의 상태를 형용한 말이라 생각하였다.

아내! 영자!

이것은 일분 일리의 경중도 양보할 수 없는 절대의 수평인 것이다. 그러나 때는 왔다. 지지난 새벽 아내의 돌변한 태도에 준호의 맘의 저울추는 기울어졌다.

'질투하는 아내는 보내도 좋다.'
하고 공자님도 말씀하셨겠다.

'정말 얼마 동안 따로 살아보자. 양식이나 보내주고.'

영자는 절반이나 타나 남은 담배를 쓱쓱 문질러 꺼버리고

"이제 우리 밖으로 산보나 나갑시다. 아침부터 방속에만 들어앉았으니 골치도 아프고……."

캔버스 위에 절반이나 그려진 준호의 얼굴에 수건을 덮어두고 영자는 준호의 두 팔을 잡아 일으켰다. 그들은 ××백화점으로 갔다.

"에노구를 좀 더 사야겠어요. 그리고 저 이걸 하나 사서 그려볼까 봐요."
하고 가리키는 것은 석고로 만든 철학자 소크라테스의 얼굴이다.

"그러시구려."

---

20 兩手執餠. 두 손에 떡을 쥐고 있다는 뜻으로, 두 가지 일이 똑같이 있어서 무엇부터 하여야 할지 모르는 경우를 이르는 말.

준호는 영자가 고르는 대로 지갑에서 돈을 꺼내주는 것이다. 그 길로 그들은 다시 오복부로 들어갔다. 준호의 얼굴빛에 어울린다 하면서 영자가 가리키는 대로 암갈색 외투를 또 한 벌 새로 맞추었다. 그리고 영자는 털목도리를 새로 산다는 것이다.

"지금 가진 것이 외려 좋아 보이는데."

"아이 여우는 싫어요. 징그럽다기보다도 너무 흔해졌어요."

하고 영자는 다람쥐 털로 만든 목도리를 택하는 것이다. 준호는 돈이 나갈 때마다 둔한 물건으로 머리를 얻어맞는 것처럼 골속이 찡하는 것을 느끼는 것이다. 그러나

'되는 대로 되겠지.'

언제나 하는 습관대로 오늘도 이런 말로 자기 자신에게 대답을 하고

"자 식당으로 들어갈까요?"

하고 준호는 영자를 돌아다보는 것이다.

남편이 돌아오지 않는 채 나흘째 아침을 맞는 순애는 비로소 어떠한 생각이 그 맘에 떠올랐다.[21]

'그렇다 나는 오늘부터 직업여성이다.'

그는 직업을 얻은 것이다. 단 하룻밤 동안에……. 지금까지 다른 곳으로 가서 직업을 구하려 했기 때문에 두 아이의 문제가 해결이 되지 못하였던 것이다. 그러나 직업은 바로 순애가 앉아 있는 그 자리에 있는 것이다.

'설마 굶기야 할라고.'

21 문장 앞에 육(六)이라고 번호가 기재되어 있음.

'그렇다. 나는 오늘부터 이 집에 취직하였겠다. 나와 내 두 딸이 먹고 살아갈 수 있는 삯을 받고 이 집을 지켜준다.'

그는 김준호라는 남자의 아내가 아니요 김준호 집 가정부 노릇을 하는 자기라고 생각하자 지금까지 가슴을 찧던 모든 괴로움이 태양 앞에 안개같이 사라지는 것이다.

'김준호는 내 남편은 아니다.'

하고 부르짖는 순애의 가슴 속은 기진한 사람이 느끼는 때처럼 허전허전 하기도 하였지만 또한 모든 불소화물을 배설한 뒤와 같이 거뜬하기도 하였다.

몇몇 달을 두고 지글지글 타오르던 질투의 의심의 괴로움도 폭풍의 이튿날처럼 고요하여졌다.

순애는 남편이라는 존재가 어린 두 딸의 사랑 앞에 이렇게 값없는 허수아비였던가 생각하고 한숨을 쉬었다.

두 딸을 위하여 직업을 가졌다는 의식이 순애로 하여금 새로운 생활의 출발을 만들어 주었다.

그는 참으로 남의 집 가정부처럼 아침 일찍 일어나서 뜰 앞을 소제하고 마루를 닦고 방을 훔쳐냈다.

어린아이의 기저귀, 준호의 양말, 내복…… 순애는 바쁘게 이 모든 빨래를 마치었다.

틈틈이 은자를 안아 주고 옥순이와 이야기도 하고 장난도 하는 것이다.

저녁때가 되어 남편의 돌아오기를 기다리는 마음이 길을 익혀둔 김유신의 말처럼 순애의 가슴을 찾아왔으나 순애는 눈을 감고 곧 다른 생각으로 머리를 돌려버렸다.

다른 날보다 훨씬 일찍이 저녁을 마친 순애는 오래간만에 일기장을 꺼내어 한날의 감상을 기록하는 것이다.

두어 줄이나 썼을까 잠이 오는 모양으로 은자가 울기 시작한다. 순애는 붓을 놓고 아이의 입에 젖을 물렸다.

옥순이도 엄마 곁에 들어 눕는다. 어렴풋이 잠이 들었던 순애가 눈을 번쩍 뜨고 보니 어느덧 은자는 젖꼭지를 놓고 잠이 들었고 옥순이도 옹송거리고 누운 채 가늘게 코를 고는 것이다.

순애는 이불을 내려 두 아이의 몸에 걸쳐 주었다. 늘 살던 이 집이건만 늘 자던 이방이건만 외로운 생각을 가지고 새생활을 시작한 순애에게는 이곳이 천리 밖 외로운 남의 집으로 와서 세 모녀가 옹송거리고 누운 듯하여 가슴 속이 뻐근해지는 것이다.

아이들의 숨소리가 무슨 신비스러운 음악처럼 색색 들려오는데 은자는 자면서도 간간히 벙싯벙싯 웃는다. 무슨 꿈을 꾸는지…….

순애는 물끄러미 자는 아이들의 얼굴을 지키고 앉았다.

'꽃이라면 너무도 그 생명이 짧을 것 같고 옥이라면 오히려 호흡이 있거늘…….'

순애의 눈은 자는 두 딸의 얼굴에서 떠나지 않건만 그의 발은 천천히 다락으로 향하여 간다. 며칠 전에 만나본 옛날의 친구 그림도구를 찾아가는 것이다.

오래간만에 참으로 오래간만에 순애는 물감을 풀었다.

에노구는 신의 있는 친구처럼 여전히 오색이 찬란한 색채를 접시 위에 흩뜨리는 것이다.

털붓에 물감을 찍은 순애는 또다시 자는 아이들이 얼굴을 번갈아 들여다본다.

부드럽고 조용한 미소가 순애의 입가로 흘러나왔다. 이윽고 캔버스 위에는 첫 획이 굵다랗게 그어졌다.

어느덧 해도 바뀌어 영자의 아파트에는 술 두꺼운 새 달력이 한편 벽 위에 걸리게 되었다.[22] 밤 열한 시가 넘어 극장에서 돌아온 두 사람은 상당히 피곤한 모양이다.

"어떠서요 내 그림이 입선이 될까요?"

영자는 새로 장만한 외투를 벗으면서 침대 맞은편에 놓인 캔버스를 턱으로 가리킨다.

"그럼 안 될 법도 있을라구?"

준호는 침대 위에 걸터앉아서 구두끈을 푸는 것이다.

"만약에 못 된다면?"

영자의 등허리에는 소름이 오싹 지나갔다.

'그토록 맹세한 철수가 그렇게 갑자기 변하다니…….'

이러한 생각이 머리를 스쳐가자 영자는 갑자기

"호호호호."

히스테리컬하게 웃어댄다.

"호호호, 여봐요. 내 그림이 낙선이 되면 난 정말야요 감사원과 연애를 할 테야. 내 그림 한 장쯤이야 눈 슬쩍 감아 주지 않겠어요?"
하고 웃었으나 준호는 못 들은 척하고 침대 속으로 들어간다. 영자도 침의로 바꾸어 입었으나 쉽게 잠이 올 것 같지도 않다.

22 문장 앞에 칠(七)이라고 번호가 기재되어 있음.

이 저녁에는 웬일인지 잊어버렸던 철수의 생각이 벌처럼 영자의 가슴을 쏘는 것이다.

그것은 지난봄이었다. 앞으로 며칠 남지 아니한 결혼 날을 헤이고 있던 영자는 행복의 절정에 있었다.

그러나 그 행복은 짧은 것이었다. 동경 미술학교 시절에 꽃이 핀 두 사람의 사랑이 철수가 미술학교 모고등여학교의 교편을 잡은 오늘에 갑자기 시들어 질 줄이야. 영자는 철수의 편지를 믿지 아니하였다.

'혼인을 못 한다.'

는 절연장을 받고도 영자는 웃었다.

'장난도 심하다니까…….'

그러나 철수의 입에서

"용서하서요."

하고 박은경이라는 여자의 이름을 듣는 순간 영자는 그 자리에서 꼬꾸라졌다. 영자가 다시 정신이 돌아온 때는 철수는 벌써 그곳에 없었다.

'자기가 가르치던 여학생!'

'그림을 잘 그리는 때문에 맘이 쏠렸다고?'

영자는 이를 갈았다.

'어떠한 일이 있더라도 나는 한 사람의 화가가 되고야 말리라.'

하고 부르짖었다. 그러나 한 사람이 화가로 출세하기에는 너무나 무력한 일개 여자 사무원이 아닌가!

영자는 철수와 절연한 뒤로는 자기의 받은 이십사 원으로는 아파트의 한 달 생활도 유지해 갈 수 없는 형편이다.

사랑을 잃은 아픔, 생활의 위협을 받는 설움.

그러나 이보다 더 괴로운 것은 영자의 가슴에서 지글지글하고 있는 복수의 불길이었다. 마침내 바일의 논바닥과 같이 작렬하여진 영자의 복수의 제단에 오른 첫 희생은 양같이 순한 김준호였다.

그것이 김준호였거나 박준호였거나 그런 것은 영자에게는 상관이 없었다. 한 사나이가 필요한 영자는 투기사가 그물을 던진 듯 사랑의 유희로 준호를 사로잡은 것이다.

준호에게 아내가 있는 것이 얼마나 재미스러운지. 빼앗긴 아픔을 빼앗음으로 갚으려는 영자였다.

그러나 영자는 지금 준호에게서 생활비를 얻고 그림의 지도를 받을 뿐 철수에게서 받은 마음의 상처는 나을 수는 없었다. 영원히!

늙은 고양이처럼 영자의 가슴을 되돌아드는 철수의 생각을 잊으려고 영자는 담배도 피우고 술도 배웠다. 잠이 드는지 준호의 숨소리는 차츰 높아간다.

"여보서요."

"…………."

"주무서요? 벌써."

"…………."

준호의 아내 되는 여인이 지금쯤 얼마나 안달을 하고 있을까?

영자는 전과 같이 웃어보려 하였으나 이 저녁은 웬일인지 웃음이 나오지 않는 것이다.

사랑이 없는 사랑의 유희가 이제 차츰 싫증이 나기 시작한 것이다.

까마귀 깃처럼 검고 윤택 있는 철수의 머리털을 생각하자 영자는 훤하게 빠진 준호의 앞이마에서 고개를 돌이켰다.

호리호리 하고 키가 훌쩍 큰 철수의 몸맵시가 눈앞에 날아올 때 준호의 약간 둔한 듯한 체격이 틉틉한 기름덩이 같이 보이는 것이다.

'그러나 그림이 다 될 때까지는 세상없어도 참아야지…….'

생각하고 영자는 한숨을 쉬며 돌아누웠다.

'목적을 위하여 수단을 가리지 않는다? 하하하하.'

영자의 웃음소리는 한참 동안 계속되었다.

닷새째 되는 날 오후에 남편 준호가 돌아왔다.[23]

남편을 대하는 순간 순애의 가슴은 무거운 돌멩이를 집어넣은 못 물처럼 일순간 어지러워졌다. 그러나 그는 요 며칠 동안 염불처럼 속으로 외이고 있던

'나는 이 집의 가정부다.'

라는 그 생각이 순애의 솟구쳐 오르는 감정을 진정시켜 주는 것이다.

"이제 돌아오십니까?"

순애는 이 집 가정부인 이상 주인을 향하여 깍듯이 인사를 하는 것이다. 약간 부드러운 미소조차 보이면서.

준호가 잠자코 모자를 벗고 외투를 벗는 것을 보고 순애는 날쌔게 받아서 한편 벽에 걸었다.

아랫목으로 내려가 앉는 남편을 향하여

"바깥은 몹시 춥지요."

하고 바느질하던 것을 주섬주섬 모아서 한편으로 치웠다.

맘속에는 어름 같이 차고 칼날보다 날카로운 미움이 숨어 있건마는

23 5화(『신가정』, 1936.2) 시작. 문장 앞에 팔(八)이라고 번호가 기재되어 있음.

가정부라는 신념으로 무장을 한 순애는 닷새 동안이나 외박을 하고 돌아온 남편을 향하여 반가운 손님을 대하듯 눈썹 하나 찌푸리지 않고 응접할 수 있는 것이다.

순애는 인두가 꽂혀 있는 화롯불을 솟구쳐 올려놓고 부엌으로 내려왔다. 그는 찬장 문을 열고 세찬[24]으로 들여왔던 커피 시롭부를 따라 가지고 차를 만들어 준호 앞으로 가져왔다.

"차 잡수서요."

하고 약간 고개를 숙여 보였다.

"참 옥순이는 낮에 제 외삼촌이 와서 데리고 갔어요. 인제 곧 올 겝니다."

하고 시계를 쳐다보더니

"벌써 저녁 할 시간이 되었군."

혼잣말 같이 하고

"어떡하시렵니까! 저녁진지는 집에서 잡수십니까 혹 다른 데서 잡수실 예정이시라면."

하고 순애는 두 손을 부비며 대답을 기다리는 것이다.

"…………."

준호는 순애의 말을 못들은 것처럼 멍 하고 앉아 있으나

'흥 네가 나를 둥치는 수단이로구나. 하지만 늦었다. 너무 늦었어…….'

하고 속으로 고개를 흔들었다. 마땅히 성을 내어야 될 이 경우에

'자기를 보고 웃는다? 모자라도 동댕이를 치고 소리 소리 지르는 대신 커피차를 내놓고…….'

---

24 歲饌. 설에 차리는 음식, 이것으로 차례를 지내거나, 세배하러 온 사람들을 대접함.

이 생각은 준호의 눈썹을 찌푸리게 만들었다.

'닷새 동안쯤 나가보니 제법 혼이 났던 모양인데.'

이러한 모멸도 준호의 맘을 스쳐갔다.

'그렇게 암범 같이 날뛰던 용기는 어디로 갔어?'

하고 조롱이라도 하고 싶은 것을 억지로 참고 준호는

"쌀값 밀린 것 얼마나 되우."

하고 무거운 입을 열었다.

"네 저 쌀값은 저때 번에 한 번 치렀으니까요 지금 남은 게 모두 한 삼십 원 되나 봐요."

"나무는?"

"나무나 석탄이나 고스란히 밀렸으니까요 한 이십 원 넘을 걸요."

준호는 지갑을 열더니 손가락이 베어지도록 날이 선 시퍼런 지전 열 장을 세서 내놓고

"자 이걸로 살아보시오. 앞으로 부족한 것은 또 갖다 줄 터이니……."

이 말은 분명코 준호는 순애에게 별거를 선언하는 것이다.

요 몇 날 동안 혼자 산다고 다지고 다진 그 맘은 어디로 갔는지 순애는 일순간 눈앞이 캄캄하여 지는 것이다. 무슨 말이고 대꾸를 하려 하였으나 얼른 입이 떨어지지 않는다. 크나큰 검은 보자기로 얼굴을 싸는 것처럼 호흡이 절박하여 지는 것이다.

순애는 잘강잘강 아랫입술만 씹고 앉았을 때이다. 아랫목 한편에 누워서 잠이 들어 있던 은자가 부스럭 부스럭 깨어나는 모양이다.

순애는 반사적으로 한 손을 내밀어 아이의 어깨를 토닥토닥 두들기면서

"좋지요."

하고 비로소 입을 떼었다.

"좋아요. 나도 취직을 했어요. 이 집 가정부로요. 나는 당신의 아내라는 것보다 외려 당신 집 안잠자기로 보아 주서요. 그것이 당신이나 또 내가……."

여기까지 말을 하던 순애는 흠칫하였다.

"무슨 수작이요 수작이."

준호는 소리를 빽 질러 아내의 말을 막는 것이다.

"무슨 말인지 난 알 수 없으나 하여간 나도 생각한 바가 있고 하니 우리 당분간 따로 살아 봅시다."

씹어 뱉는 듯이 준호는 이 말을 하고 벌떡 일어서는 것이다.

순애는 화산처럼 터지려는 분노를 참느라고 혀를 깨물었다.

준호는 골목을 나오면서 혼자 괴롭게 웃었다.[25]

'누굴 어린애로 안담? 바로 웃는 얼굴로 차를 내오고…….'

그는 순애의 그 여유 있는 태도가 불쾌하여지고 그 때문에 어렴풋이 자리만 잡고 있던 별거 문제가 일찍이 튀어나온 것이라 생각하니 제 꾀에 제가 넘어진 아내가 우스웠다.

거리에는 벌써 석조[26]도 사라졌건만 어디인지 봄이란 기사가 요 앞산 너머나 당도한 것처럼 안온하고 조용한 기분이 흐르고 있는 것을 감각하면서 전찻길로 나섰다.

'별거?'

---

25 문장 앞에 구(九)라고 번호가 기재되어 있음.

26 夕照. 석양(저녁때의 햇빛).

준호는 또 한 번 입속으로 뇌어 보았다. 얼간히 취한 때처럼 그의 머릿속은 영자의 웃는 얼굴이 빙글빙글 지나갔다.

그러나 그와 동시에 웬일인지 흐리터분한 괴롬이 뉘엿뉘엿 구토를 하고 싶은 때처럼 가슴 한복판을 설레는 것도 느껴졌다.

순애는 남편이 나간 뒤 지전을 주워 서랍 속에 넣고 쌀바가지를 들고 부엌으로 내려갔다.[27] 남편이 별거를 선언하였다고 허둥거리는 자기가 역겨웠다.

'남편이란 것은 결국 남이야 살이 섞였나 뼈가 섞였나 그야말로 남남이지 뭐야.'

이러한 평범 이하로 평범한 말을 입속으로 되풀이하면서도 쌀을 씻는 손이 자주 떨리는 것이다.

그 사이 옥순이가 아저씨와 같이 돌아왔다.

"누님 이걸 아주머니가 누님께 드리랍디다."

하고 큼직한 꾸러미를 내놓는 것은 돼지고기다.

순애는 아직도 중학교 모자를 쓰고 있는 동생을 쳐다볼 때

'너도 이담 어떤 집 딸의 속을 태워 주려느냐?'

하는 생각이 지나가자 어머니도 없이 자란 남매이건만 더욱이 오래간만에 만난 동생이건만 같이 저녁을 먹자고 붙들기가 싫었다.

저녁을 짓는 동안 옥순이는 은자와 곧잘 노는 모양이다. 부엌이 막혔는지 몇 번이나 불이 밖으로 훌치고 그럴 때마다 싯누런 연기가 순애의 눈을 쏜다.

---

27 문장 앞에 십(一〇)이라고 번호가 기재되어 있음.

'춧 저런 것들만 아니면 내가 왜 이 노릇을 해?'

두 아이의 존재가 새삼스럽게 원망스러웠다.

그러나 순애는 밥이 다 되어 방으로 들어오고 어린 딸 옥순이가 고개를 다소곳하고 폭폭 밥을 떠넣는 것을 볼 때 무지 귀여웠다.

은자도 엄마 젖꼭지를 놓고 무언지 혼자 옹알거리다가는 벙긋벙긋 웃는다.

'오냐 너희들만이 내 친구다.'

순애는 스며 나오는 눈물을 옷고름으로 씻고 은자의 젖을 위하여 억지로 밥을 반 그릇이나 먹었다.

이 저녁에도 순애는 그림도구를 꺼냈다.

벌써 잠이 든 두 아이의 얼굴을 바라보는 순애의 눈은 자주 눈물에 어리웠으나 그의 붓은 조심조심 캔버스 위에 한 획 한 획을 더하여 가는 것이다.

영자는 준호가 나가는 것을 보고 핸드백에 들어있는 봉투를 꺼냈다.[28] 그것은 뜻밖에도 낮에 회사로 배달된 철수에게서 온 편지다.

회사에서 잠깐 훑어 본 것이지마는

'영자 씨! 나는 이제야 깨달았소이다. 당신이 없는 곳에 나의 참 행복이 없는 것을. 아아 영자 씨 지금이라도 당신의 무릎 위에서 나의 경솔하였던 죄를 책망 받을 기회가 있다면 아아 영자 씨! 이 편지를 보시는 내일 칠일 밤 여덟 시부터 아홉 시까지 ××찻집까지 와 주실 수 없을까요.'

짤막한 사연이다. 그러나 영자는 그 몇 줄 아니 되는 글자 속에는 철

28 문장 앞에 십일(一一)이라고 번호가 기재되어 있음.

수의 천언만어[29]가 감추어 있는 것을 발견하는 것이다.

'그만하면 항복할 당신이면서도…….'

영자는 편지를 안고 테이블 위에 고개를 처박았다.

그는 첨에는 눈물만 새어나오던 것이 어느덧 흐덕흐덕 느끼기까지 되었다.

전등이 와서 커졌건만 영자는 그대로 움직이지 않는다.

'철수 씨! 나는 이전 그 영자가 아닙니다.'

이렇게 중얼거리는 영자는 한밤을 울어 새울 듯이 그의 동그스름한 어깨가 미풍을 맞은 나뭇잎 같이 자주 떨고 있는 것이다. 이윽고 영자는 얼굴을 들었다.

'가볼 테야 가보고 말고…….'

영자는 맘속으로 부르짖었다. 세수를 하고 경대 앞으로 가서 엷게 화장을 하고 머리까지 다시 빗고 나니 준호가 바쁜 걸음으로 들어온다.

'어떡하나 이 사나이를 따돌리고 가? 그보다도 슬쩍 데리고 가보아?'

영자의 입 가장자리에는 자조의 웃음이 잠깐 동안 스쳐갔다. 전과 달리 약간 우울하여진 영자의 표정을 살핀 준호는

"기분이 좋지 못한 모양인데? 일찌감치 자리에 누워요."

준호는 걱정스러운 듯이 말을 하고 영자의 머리를 만져보는 것이다.

"아주 뜨거운데 열이 있는 게지. 응 감기가 들었나?"

준호는 영자가 지금까지 울어서 머리가 더워진 것은 물론 모르는 것이다.

---

29 千言萬語. 천 마디 만 마디 말이라는 뜻으로, 수없이 많이 하는 말을 이르는 말.

"아냐요 감기가 들어서 그런 게 아니요. 뭘 좀 생각을 했더니, 호호호."

"무슨 생각?"

"저 저 그림이 입선이 못 되면 어쩔고 하고."

"입선이 못 되면 대수요? 그까짓 것 입선 돼도 좋고 안 되면 그만이지 뭘……."

"그렇지만 공로가 아깝지 않아요?"

"꼭 입선이 된다고 좋은 그림이고 입선이 안 된다고 나쁜 그림이 되고는 못한 대요 그리는 거요?"

준호는 그 검은 눈썹을 약간 찌푸려보였다.

"호호호 그럼 안 그리죠."

영자는 어린애처럼 두 팔로 준호의 어깨에 한 번 매달렸다가 콩 하고 발소리를 내면서 방바닥에 내려서는 것이다.

"나도 이제부터 안국동에는 얼마 동안 안 가기로 했소. 영자만 합의 한다면……."

준호는 무슨 생각이 났던지 그 담의 말은 뚝 끊어버렸지마는 영자는 벌써 알아차렸다.

'영자만 합의하면 아내를 이혼이라도 해 버릴 수 있다.'
라는 말인 것이다.

순간 영자는 등에서 소름이 쭉 끼치도록 진저리가 치는 것이다.

'그럼 나와 결혼을 한단 말이지?'

준호는 첨에는 이 여자에게서 떠나가자 하면서도 차츰 그의 매력에 끌려 왔고 그러자 아내도 좋고 이 여자도 좋고 둘 다 가지고 살았으면 하던 때도 있었다. 그러나 어느새 준호는 이 여자만이 좋아졌고 이 여자 아니고는 살 수가 없도록 도취해 버린 것이다. 그래서 영자가 원한다면 영자를 정식 아내로 삼을 수도 있다고까지 생각하게 된 것이다.

그러나 영자는 첨에는 고의로 준호를 유인하였던 것이 차츰 포만을 지나 요사이는 싫증이 난 것이다. 더욱이 생명같이 사랑하던 철수에게서 애걸복걸하는 글을 받은 이 저녁임에랴.

영자는 준호와 간단히 저녁을 마친 뒤에

"나 좀 잠깐 가보고 올 데가 있어요."

"어디?"

"내 친한 친구야요. 여러 해 시골 가서 있다가 요새 왔다는 이야요. 아까 회사로 전화가 왔어요."

"누구야 이름이 뭔데?"

영자는 준호의 재처 묻는 말에 빙긋 웃어 보이고는 목도리와 핸드백을 집어 든다.

영자는 침울하여 앉아 있는 준호의 어깨를 탁 한 번 치고

"갔다 오리다."

하고 문 밖으로 사라졌다.

콩콩 콩콩 발자취 소리를 헤면서 준호는 침대로 가서 벌떡 드러누워 버렸다.

'한 번도 혼자 나간 일이 없던 영자가!'

준호는 불길한 생각을 잊으려고 눈을 감았으나 이제 일곱 시 반이 조금 지났을까 잠이 올 까닭은 없다. 그렇다고 거리로 나갈 맘도 없는 것이다.

영자도 없이 혼자 있는 것은 더욱이 밤거리를……. 날개를 잃어버린

새처럼 쓸쓸하고 적막한 일이라 생각하였다. 책을 들었으나 책도 제대로 읽을 수가 없다. 강렬한 알코올 마신 때처럼 그저 가슴속이 홧홧하여 지는 것이다.

'왜 붙들지 못했던고. 왜 같이 나가지 못했던고…….'

준호는 벌떡 일어나 창문을 내다보았으나 어둠을 지키는 전등의 행렬만 눈에 띌 뿐이다.

'따로 만나는 놈이 있다? 설마…… 만일에?'

준호는 난생 처음으로 질투라는 감정을 느껴보는 것이다. 사랑하는 이성에게서 받는 이 괴로움은 어느 때 한문서당에서 종아리를 맞던 때 고통보다 훨씬 더 무섭고 아픈 것이었다.

준호는 다시 시계를 쳐다보았다.

'이제 여덟 시.'

어쩐 일인지 영자는 이 밤에 나가서 그대로 영영 돌아오지 않을 것만 같은 불안이 기둥을 쏘는 쥐 이빨처럼 준호의 심장벽을 뚫는 것이다.

아홉 시가 지날 때까지 준호는 실로 생지옥의 고통이었다.

영자가 눈앞에 나타나기만 하면 두 손을 꼭 잡고 영영 아무데도 나가지 말아 달라고 애원을 할 것 같다. 아니 그보다도 그 보숭보숭한 낯바닥을 힘껏 후려갈겨 줄 상도 싶었다. 그러나 열 시가 지나고 열한 시가 거의 되어갈 때 준호는 도로 누구에게 힘껏 얻어맞은 사람처럼 침대 위에 활개를 펑치고 누워있는 것이다.

그리움과 의심과 질투와 기다리는 맘의 초조한 모든 괴로움이 한데 뭉친 듯 준호의 얼굴빛은 붉게 상기되고 이마에는 푸른 힘줄조차 내돋았다.

‘츳 이게 무슨 꼴야. 계집애 하나를 가지고.’

이렇게 반성도 하여 보았다.

그러나 이 반성만으로는 준호의 절벽으로 굴러들어가는 듯한 맘의 불안을 건질 도리는 없다.

이것이 만약 한 달 전만 같았더라도 준호는 벌써 열 시 안에 자기 집으로 가버렸을지 모를 것이다.

그러나 지금은 할 수 없다. 너무도 깊이 내려온 것이다. 이제는 준호 자신의 힘으로는 이 깊은 구렁에서 헤어날 도리는 없는 것이다.

초인간적 기적의 손이 나타나기 전에는 준호는 이 괴로운 쇠사슬에서 노일 수는 없다. 열한 시가 지나서야 비로소 콩콩 하는 발소리가 문밖에서 들려온다.

준호는 무슨 생각이 났던지 그 벌떡 일어나서 침대 아래로 기어 들어갔다.

잠깐 후에 영자가 들어왔다. 감출 수 없는 즐거운 얼굴!

아직 한 번도 보지 못하였던 영자의 참 얼굴을 오늘 저녁에 보는 듯이 준호는 생각하였다. 그는 기다렸던 괴롬도 의심도 질투도 다 잊어버린 것처럼 침대 아래에서 빙그레 웃었다.

영자가 옷을 바꾸어 입으려 침대 가까이 올 때다. 준호는 가만가만히 침대가로 손을 내밀어 영자의 두 발을 꽉 껴안으면서

“으악!”

하고 소리를 질렀다.

“아이구 깜짝이야.”

소리를 지르는 영자는 꽁지벌레를 떨어버리듯이 준호의 두 손을 차

버리고 한편으로 물러섰다.

"뭐야요, 어린애처럼."

하고 톡 쏘는 것을 보아 영자는 확실히 불쾌한 모양이다.

전 같으면 이런 경우에 마주 웃고 달려들어 떼를 쓸 영자가. 준호는 잠자코 침대 아래에서 엉금엉금 두꺼비 모양으로 기어 나왔다

"많이 놀랐수?"

하고 준호는 영자의 어깨에 손을 올려놓았다.

"그게 무슨 짓이야요, 점잖지도 못하게."

"잘못했수, 자 용서해요."

하고 이번에는 영자의 손을 잡으려 하였으나

"그만두어요."

하고 팩 돌아서버리는 영자이다. 못을 받은 듯이 움직이지 않고 영자를 쏘아보았다. 준호의 시선이 차츰 험악하여져가는 것을 모르는지 영자는 뽀얀 어깨 위에 분홍빛 침의를 거치는 것이다.

—『신가정』, 1935.10~1936.2.

편집후기[1]

* 이에 한 가지 섭섭한 일은 오랫동안 우리 신가정사에 근무하시던 최영수 씨가 건강 기타의 사정으로 그만두시게 된 것입니다. 그리고 또 한 가지 무엇이라 말할 수 없이 애처로운 일은 이달 16일에 우리 잡지에 시로 수필로 창작으로 갖은 채필을 날리시는 김말봉 씨가 상부하시게 된 것인데 그런데 그의 부군이시던 청애 전상범 씨는 부산에 성망 높은 청년 실업가로 아내에 대한 비단 일개의 남편뿐이 아니라 아내 예술의 유일한 이해자요 다시 구치 못할 패트런이었습니다. 편집자는 이번 김말봉 씨의 상변을 우는 동시에 이제는 벌써 타계의 사람이 된 청애의 짧은 일생을 우러 마지 않습니다. (『신가정』, 1936.2)

* 그런데 끝으로 미안한 말씀 하나 더 드릴 것은 전번 호에도 말씀한 바와 같이 연재소설 「요람」을 쓰시던 김말봉 씨가 그의 부군을 여의신 사정으로 이달 한 달을 거르게 된 것입니다 그러나 다음 호부터는 다시 집필하시겠다하시니 계속하여 애독하시는 분은 기다려 주시기 바랍니다. (『신가정』, 1936.3)

1 『요람』은 장편소설로 기획되었으나 5회를 마지막으로 연재가 중단되었다. 연재가 중단된 이유를 잡지의 편집후기를 통해 추측해 볼 수 있다.

* 힘 자라는 대로는 5월호에 적당할 기사를 모아보려 애는 썼으나 손도 채 미쳐 못 돌아간 것도 있으려냐 여러가지 형편으로 소기한 바와 어그러짐은 못내 섭섭한 일이다. 하여간 이달 호의 미흡한 것을 다음 호에 채워 보려한다. 그러나 이 또한 사람의 일이라 장담키는 어렵다 할까.

* 그리고 또 한 가지 서운한 것은 '항경에 우는 사람들' 가운데 '가장 큰 설움의 주인공' 한 분이신 부산 김말봉 씨에 관한 것이 빠진 것이나 원격지에 계신 그에게 서면으로 묻기도 미안하고 써달라긴 더욱 미안하여 그리된 것이다. (『신가정』, 1936.5)

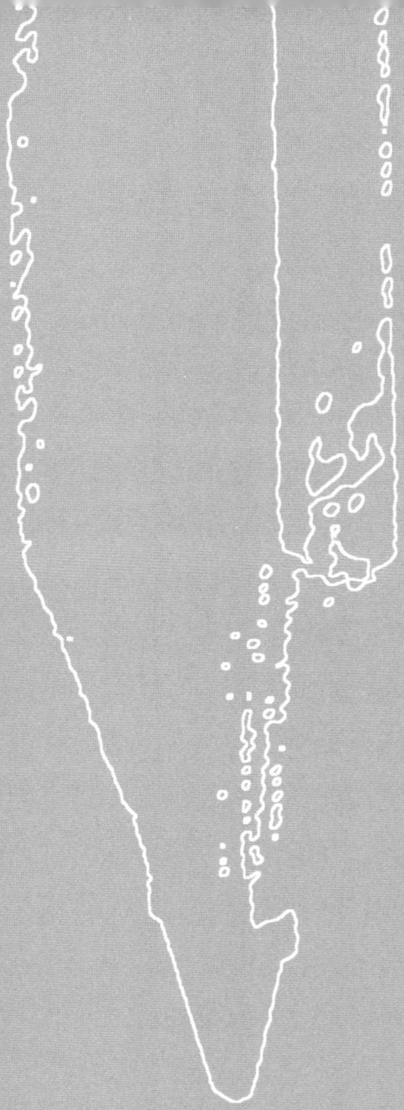

3. 시

오월의 노래

고웁고 빛난 아침이
창밖에서 소곤거리고
신부처럼 화려한 녹음이
오월이라 춤을 추네

순 터 나오는 꼬아리 나무도
동서로 뻗어나는 담쟁이 넝쿨도
그리고 우리 애기 반만 열린 입술도
다 같이 오월이라 노래 부르네.

상 위에 놓인 인형이 웃으며 방안을 내려보고
벽에 걸린 베토벤과 링컨은 무슨 이야기에
저리도 잠겼는지
캘린더 위에 그려진 저 레이디도
별로 어여쁜 표정
아마도 이 방에는 오늘 퍽이나 기쁜 일이
있나부이.

저기 그려진 지도는 내 땅처럼 반갑고
그림 속의 나폴리도 내 집처럼 정다운데
더구나 옷걸이에 걸린 새나래 같은 옷들
밤 사이 우리 방이 파라다이스!

햇비둘기여
오월처럼 빛나는 나의 사랑이어
그대는 오늘도 내 생명의 목표이니
하루 하루의 사랑의 양식을 보내라.

엄마가 글 쓴다고 달래어 내어 보내면
아기들 눈들이 번갈아 창틈에 깜빡거리고
그러다 큰 놈은 웃는데 작은 놈은 울다니
어느새 내가 이 같이 사랑받은 몸이런가

하늘의 복이 오늘 이 방 안에
오월과 함께 깃을 걷고 내렸나니
거리로 나간 나의 면류관 우리 애기들아
어서 들어오너라 내 품속으로.

—『신가정』 3권 5호, 1935.5.

해바라기

一

一
이글이글 모래는
바야흐로 불꽃 곧 일어나려 하는 한 낮(白晝)
나 해바라기
저기 대공을 향하여 얼굴 들어 섰노니 태양이여
정열의 백만 화살을 이 심장 위에 쏘라

二
벌도 나비도 꺾어가는 흰 손도 기다리지 않노니
오직 나의 눈 가는 곳
불수레 달리는 광명의 님
태양이여 그대의 용솟음 하는 용광로에
이 몸을 붙들어 매라

三

한 종일 임만 보고 섰는
나 해바라기
삶의 전부를 태양의 제단에 불살라 바치는
나 해바라기!

二

해바라기는 온종일 해만 보고 섰소
자양화는 화장하기에 정신을 잃고
나팔꽃은 겁쟁이
박 넝쿨의 흰 꽃도 한껏 조을려
그러나 해바라기 온종일 해만 보고 섰소
그 때문에 해바라기 얼굴은
해처럼 동그래졌소.

—『신가정』 3권 9호, 1935.9.

4. 수필

매매가 아픈 밤[1]

지난밤에는 그럭저럭 하다가 자리에 누운 것이 밤 두 시나 되었으리. 약을 들여다보니 어느 틈에 식어빠졌기에 다시 화로 위에 올려두고 일기장을 꺼내어 붓을 집었다.

사면이 딱 막힌 한 적은 방안에서 터질 듯 터질 듯한 심장의 고통을 안아가며 화끈거리는 불기지 고죽 졋노라니 밤 밖에서는 봄기운이 밀물처럼 넘실거리고 있다. 어느 골목에서 희미하게 들리는 '모던빵' 장사의 외치는 소리도 차츰 가까워서 바로 유리창 밑에서 '모던빵' 하고 지나간다. 이 소리에 색색하며 가쁜 숨을 쉬며 잠이 들려던 매매가 그만 놀라는지 "으아!" 하고 소리를 치며 소스라친다. 나는 쓰던 것을 던지고 어린애 가슴을 살그머니 누르고 있으려니까 아이는 그래도 울음을 그치지 않는다. 그저께부터 앓는 매매의 몸은 납덩이처럼 착 늘어진 채 소리쳐 우는 얼굴은 붉다 못하여 자줏빛이 된다. 이마 위에서는 좁쌀 같은 땀방울이 돋으면서.

◇

---

1 김노초(金露草)로 발표.

밥 짓고 바느질하고 아이 간호에 지친 언니가 막 첫 잠이 들었다가 아이가 우는 소리에 눈을 번쩍 뜨면서

"우야 매매야 물 주까?"

하고 일어나 아이를 받아 안고서 차관에서 물을 따라 입에 대었다. 매매의 적은 입은 금붕어처럼 열었다 닫혔다 서너 번 하더니 그만 언니의 빈 젖꼭지를 물고 늘어진다. 어느새 잠이 든 듯 색색 괴로운 호흡이 다시 계속 되고 있다.

◇

나는 대해大海 위에 표주박같이 좁고 더러운 이 방이 싫증이 났다. 방만 나가면 거기에는 대기大氣가 있다, 봄이 있다. 나는 문을 열고 나왔다. 손을 더듬어 바가지를 쥐려니 축축한 밤공기가 새 깃처럼 가볍게 얼굴을 스쳐간다. 바가지를 든 내 손은 항아리로 들어가서 찬물을 가득 담았다. 화끈거리는 입술이 바가지에 대이는 순간 나는 마음껏 마셨다. □□을 마셨다. 펄펄하는 듯하던 몸이 어느덧 선선하여 지면서 가느다란 소름이 돋는다.

◇

공중에는 안개인지 구름인지 무엇이 어물거리고 있다. 그리하여 별들은 보일 듯 말 듯 언제든지 선명하던 오리온 성좌도 이 밤만은 어렴풋하다. 골목 너머 대궐 안에는 홰나무 위에서 밤새가 '톡톡, 톡톡!' 나무

를 쪼는 소리.

◇

방에서는 다시 매매의 울음소리가 들리면서 언니의 "우 야 자자" 하는 소리가 난다. 방으로 들어오니 화로 위에서는 약이 소리를 내어 끓고 있는데 이웃집 시계가 땅땅 두 번을 울린다. 일기 쓰던 것을 치우고 그만 자리로 들어갔다.

—『중외일보』, 1930.3.29.

'맛뽀'는 어디로[1]

처녀시대라 하니 이상스럽게도 나의 가슴이 명랑하여집니다. 처녀시대라면 나는 언제든지 나의 그 '맛뽀'시대를 생각하기 때문이올시다. 나는 지금도 그러하지만 그때 그 처녀시절에는 '모든 일에 수줍고 모든 일에 웃음이 터져 나오던' 내 이름 '김말봉'이가 무척 얄궂고 부끄러운 이름이라고 생각하였습니다. 더구나 처음 서울로 유학을 오게 되어 학교의 상급생들에게 다시 놀림을 받고는 난생 처음으로 엄마와 아버지를 원망하였습니다.

'왜 하필 그 얄궂은 말봉이라고 지어주셨을고.'

나는 내 이름을 생각할 적마다 우울하여졌습니다. 그리고 처음 몇 달 동안은 선생님이 들어와서 호령을 하실 때마다 나는 거의 일종의 공포를 느끼기까지 하였습니다.

그러다가 방학이 되어 나는 집으로 돌아와 아버지와 어머니께 울며불며 진정陳情을 하였습니다. 그랬더니 아버지 말씀이

"애 나는 뜻이 있어 말봉이라 하였다. 경상도의 큰 산은 태백산이 아니냐? 그 태백산 줄기가 이 부산에 와서 끝이 났거든! 그래 네가 그 끝봉

---

1 김끝뫼로 발표.

오리의 정기를 가지란 말야, 좀 좋으냐?"

과연 좋기는 좋으나 아버지는 내가 무슨 남자나 되는 듯이 웅장한 산세를 암시하여 이름을 지어주신 것이 더 화가 납니다.

"어데 내가 사내야요?"

"그럼 너는 우리 아들이구말구."

이러한 대화가 있었을 뿐 역시 이 운치 없는 내 이름의 살풍경한 음향은 내 귀에서 사라지지 않았습니다.

더구나 학교시절에 '하까마'[2] 입은 선생 한 분은 내 이름을 'キンマッポウ'[3]라고 불러주었기 때문에 동무들은 박장대소를 하며 제가끔 두 번 세 번 복습하듯 '김맛뽀'를 불러주는 것입니다. 그러나 지금 생각하면 나의 찬란한 황금시대는 진실로 그 '맛뽀' 시절이었습니다.

그때는 자다가도 유쾌한 웃음을 웃던 것이오 그때는 저는 몰라도 분명히 태백산 끝봉 정기 노릇을 하였던 것입니다.

낙화된 후의 빈 가지를 바라보는 듯한 지금의 쓸쓸함이어! 나는 분명 아직 여기 있건만 그 기운찬 '맛뽀'는 어디로 간고?

—「처녀시대의 추억」, 『신가정』, 1935.4.

2 はかま. 일본 옷의 겉에 입는 주름 잡힌 하의.

3 킨맛포.

만리장공에 달만 홀로 달려[1]

이 저녁에는 나뭇가지 하나 얄랑하지 않는다. 마당에 피워 둔 화톳불 연기조차 기운 없이 땅으로 기어간다. 집 둥우리를 만들고 멍석을 엮는 머슴들의 곰방대에서 가끔 빨간 불빛이 반딧불처럼 깜박일 뿐. 하늘은 무거운 차일에서 훨쩍 얕게 드리워 있다. 별 한 개도 없이 어두운 밤!

뒤꼍 우물가에서 등을 밀어주던 올케가 나지막하게

"저 산 밑에 도깨비 불 보오."

가리키는 곳에서 시퍼런 불이 드문드문 하다.

"저게 공기 가운데 유리하는 인燐이란 거라오."

대꾸를 하면서도 머리끝이 쭈뼛하는 흉한 밤.

죽은 사람의 눈알처럼 빛 없는 방 속에는 모기장이 바로 관을 싼 검은 보 같구나. 이 밤에 모기떼는 왜 이렇게 주책없이 잉잉거려.

모기장 속! 후끈하고 몸을 싸는 더운 김! 끈적끈적하는 기름 땀! 훨렁 훨렁 부채질하던 손이 괴롭다. 부채는 타다 버린 그네 줄처럼 게을러 어슴푸레 잠이 든다. 힘없이 떨어지는 부채. 아 이게 무어냐? 발을 깨무는 놈 옆구리로 쏜다니 춧춧 다리를 털고 손을 내밀어 긁는 고통이여 고

1 『신가정』 1935년 8월호를 확인할 수 없어 『김말봉의 문학과 사회』(정하은 편저)의 것을 저본으로 삼았음.

문이여!

부채를 다시 들고 잠은 다시 부채를 떨어뜨리고 빈대 벼룩은 잠을 쫓아 보내 혀를 차며 돌아눕고 고양이 제꼬리를 물고 뱅뱅 도는 괴로운 밤. 건넌방에서는 조카아이가 짱짱거리고 뜰아래 검둥이도 몸을 톡톡 털면서 낑낑거린다. 숨이 막힐 듯한 저기압의 밤! 갑자기 모기장이 휠렁 후르르 얼굴에 스친다. 바람이다. 서늘한 바람이다. 자비의 나래소리다.

"후두두두."

"쏴!"

소나기다. 먼 하늘에서 뇌성이 우르르 들린다. 비는 호세[2]로 쏟아진다. 비여 소낙비여, 즐거운 음향이여! 번개가 번쩍 지나간다. 처마 끝에 빗물이 율무 주렴[3] 같구나. 뒤꼍 개울물이 뚤뚤 소리를 내고 흘러간다.

모기장은 자꾸 얼굴을 스친다. 개구쟁이 아이 모양으로 잉잉 거리던 그 많은 모기들은 어디를 갔노. 어깨까지 끌어다 덮는 베 홑이불의 서늘한 감촉이여! 부채는 잊어버린 장난감처럼 쓸쓸히 누었고 잠은 포근히 익은 술처럼 향기롭게 온몸을 사로잡는다.

얼마를 잤던지…….

뒤 논에서 우는 맹꽁이 소리가 썩 명랑하다. 시계는 두 번을 울린다. 밤이다. 비오는 밤이다. 새로 사온 장난감을 안고 잠들었던 아이 모양으로 나는 비를 생각하고 눈을 떴다. 그러나 비는 가버렸다. 기다리다

2 豪勢. 크고 강한 세력.
3 구슬 따위를 꿰어 만든 발.

싫증난 사람처럼 비는 아주 가버렸다.

모기장 너머로 썩 멀리 보이는 저 하늘에 엷은 구름떼가 조련하는 군사처럼 바쁘게 달린다. 보름달이 구름 사이로 얼굴을 보이네. 애인을 전장에 보내는 처녀처럼 이 밤에 달빛은 산란하여!

어이한 바람이 저 높은 하늘에서 구름떼를 몰아 장사들의 발길이 어지러이 흩어지네. 일천구름 다리 위에 서 있는 저 달이 위태로워! 흑룡이냐! 용이냐? 흉물스런 입과 꼬리가 아마도 저 달을 삼키려니 미운 검은 구름 지나갈 동안 이 가슴이 조이네. 달은 웃네. 미끄러지듯 달아나는 괴물을 돌아다보며 달은 손짓하여 부르네. 저 멀리 흩어져 있는 해맑은 구름떼를 쏜살같이 달 앞으로 나르네. 흐르는 물같이 강물같이 용용히 구름은 흘러가네. 구름떼는 가없는 바다같이 굵고 가는 파도 위에 달을 싣고 흐르네.

뜰 앞에 포플러 잎새 우수수 바람에 흔들린다. 달은 달린다. 세게 던진 공처럼 네 발굽 높이 초를 놓는 흰말처럼 달은 구름층을 헤치며 달린다. 그 옛날 사막을 행군하던 칭기즈칸의 군대처럼. 구름의 광야를 거침없이 달려간다.

어느덧 이 몸이 창공으로 솟아 달을 몰고 나르네. 고무풍선을 들고 뛰어가는 내 조카 놈 같이. 즐거운 흥분에 이 몸은 나르네. 나는 달 위에 올라탔네. 달은 해녀의 표주박처럼 내 몸을 떠받쳐 주네. 달은 둥그런 수레 모양으로 내 몸을 싣고 가네.

보라! 눈 아래 펼쳐 준 무궁한 공간을, 가없는 우주들! 발길에 스치는 구름이 새 깃처럼 부드러운 손결에 대이는 구름은 푹 솜처럼 가벼워 휙 휙 지나가는 별 떼가 잘 익은 딸기처럼 화려하구나. 문득 횃대에서 닭이 나래를 치며 운다. 돌아다보니 나는 자리에 누웠구나.

한 옛날 신선되어 하늘에 오르다가 떨어진 도인처럼! 달만 가네. 저 달만 혼자 가네. 바쁘게 나는 저 구름 밖에서 구만리 창공을 달만 혼자 가네!

—정하은 편저, 『김말봉의 문학과 사회』, 종로서적, 1986.

오월은 내 사랑의 상징

오월!

아직도 오월이 오려면 사십여 일이나 있어야 되오.

그러나 그렇게 멀리 떨어져 있는 오월이건만 어디인지 연초록 치맛자락이 사뿐 지나간 듯 아련한 풀 향기가 공기처럼 내 오관五官의 마디마디에 스며드오.

아직 마른 잔디대로 있는 무덤 위에도 어쨰 기리 잠든 이의 숨결 같은 따스하고 촉촉한 촉감이 젖은 빰을 씻고 가는 듯 싶소.

해마다 오는 오월이여.

그대는 지난 해 지지난 해 그 전 해! 아 생각하니 내 기억의 줄이 은빛 레루[1]처럼 길고 또 선명하구나. 즐거운 일 슬픈 일 하필 오월에만 있었으리요. 그러나 오월은 내 사랑의 상징이었으니.

나는 그를 불러 항상 '오월'이라 하였소.

그 화려하면서도 결코 속되지 않고 그리고 언제나 신선하면서도 높게 세련된 그 인격을 나는 오월에 비겼나이다.

그러나 아아 그러나 지금은 한갓 옛이야기로서 오월은 가신 이의 얼

1 '레일(rail)'의 북한어.

굴과 함께 나의 붓끝에서 명멸되고 있음이여!

오월이여!

그대는 내 빛난 사랑의 가지가지를 엮은 진주 꿰염이! 그러나

'오월은 희망이라.'

말씀하던 그가 가신 오늘 내 사랑의 진주도 값없는 모래알 같이 굴러 떨어진 오늘.

나는 묵은 일기장을 들추다.

그가 서투른 괭이로 마당 한 구석을 파고 감자 심던 아침도 오늘이었고 대문 밖 언덕진 흙 위에 싸릿대 심던 일도 오월의 비 내리는 오후였소.

꼬아리나무 순 터 나오는 것 애처롭다고 나무둥 비켜 놓던 그 착한 손은 지금 땅 속에 묻었고 매리(家犬)가 여위어가는 것을 못내 걱정하던 그 고마운 마음도 지금 한갓 서러운 기억으로 남아 있을 뿐.

그와 나 또 우리 아이 여섯, 세 조카 함께 박은 사진, 그 집(사진관) 쇼윈도 속에 의젓이 걸리던 날도 바로 오월의 한낮이었소. 그나 그뿐이었던가 쌍동 아이 젖먹이는 날 위하여 손수 국을 끓이던 저녁도 아아 오월이었소. 새로 난 쑥갓 상추 그리고 수꿩의 깃 같이 파란 풋마늘, 날 기쁘게 하기 위하여 십리 밖 사거리 장터에 가서 구해오던 그날이여! 아아 고마운 오월이여!

그와 나만 아는 뜻을 감촌다.[2] 그의 삭발도 바로 오월 초이튿날 밤이었소.

이해도 오월은 눈이 부시게 화려한 의장儀裝 속에 나타나리니 오월이

2 '감추다'의 옛말.

여 그대 듣는 듯한 녹음 앞에 소복素服을 입은 내 몸이 마치 저 푸른 바다 위에 떠있는 슬픈 갈매기 같이 애달겠구나.

오월이여 너만은 기억하리라. 흰 돛을 단 배가 낯익은 포구를 찾아 오듯이 올해도 그대의 아름다운 푸른 나래가 대지에 빛나게 드리울 때.

우리는 너의 장미색 황혼을 안고 불국사의 쇠북소리를 들으려고 그와 나 신혼한 젊은이처럼 속삭인 것을.

성장盛裝한 궁녀처럼 자줏빛 안개에 잠긴 너의 아침을 사자수[3] 강변에서 맞이할 것도…….

아름다운 오월이여!

역사와 전설의 만월대滿月臺[4]의 폐허도 황금 가루를 뿌린 듯한 너의 향기로운 달 아래에서만 구슬프고 감격에 넘치는 우리의 순례巡禮가 약속되어 있지 않았더냐.

그러나 아아 그러나 그대 오월이 오기 전에 그가 먼저 가버렸고 그대의 밝은 아침이 오기 전에 엄동의 찬 눈이 기리 우리의 밤을 이었구나.

오월이여! 그대는 흰 말에 높이 올라앉은 용사처럼 오려니. 그러나 그이는 시위를 당긴 화살처럼 먼저 갔구나.

오월이여, 오월이여!

그대는 승전한 북소리처럼 장엄하게 오려니 아아 그러나 너의 곡조에 화답할 거문고의 줄은 기리 끊어졌구나.

오월이여!

그대를 둘러 가지가지의 추억이 내 가슴을 찢고 사랑과 희망으로 아

---

3 '사비수(泗沘水. '백마강'의 삼국 시대 이름)'의 잘못.
4 경기도 개성시 송악산에 있는 고려시대의 궁궐 터.

로새긴 내 상아의 꿈도 그대 이름과 함께 선혈이 돋는 아픈 상처가 될 줄이야 오월이여!

행복과 승리와 건강을 약속한 오월이여 이제 나는 그대에게서 영원히 얼굴을 돌이키노라.

그때 너는 내 생명의 비유比喩였고 내 보금자리의 영상影像이었나니.

그러나 아아 그러나 태양이 간 것처럼 나의 그이가 갔고 나의 생명의 꽃다발이 영원의 피안으로 갔음에야…….

그가 갔음에 나의 즐거움도 갔고 내 생명의 자랑도 값비싼 도기陶器처럼 산산히 부서졌으니!

아아 오월이여 이제로부터 너는 폭풍과 폭양과 공포의 절망의 온갖 저주의 상징으로 내 눈앞에 나타남이여!

이리하여 나의 남은 세월에서 오월은 영원히 가버렸다.

—『조광』, 1936.5.

5. 칼럼 및 평론

여기자 생활의 감상感想[1]

직업부인의 소감을 말하라는 부탁을 받은 지는 벌써 한 달이 넘었다. 그러나 빈약한 나의 경험을 가지고 더욱이 치기稚氣를 미면未免[2]한 나의 붓인지라 구체적으로 쓰여지기를 기대할 수는 도저히 없다. 다만 단편적으로 때때로 느낀 바를 써보려 한다.

× ×

위대한 '힘'으로 나타난 것이 중국 문명이라면 화려한 '색채色彩' 속에서 일본의 문화를 볼 수 있다. 그리고 '선線' 묘妙를 극極하고 아雅를 진盡한 모든 곡선曲線을 통하여 조선의 정신(혹은 문명)을 볼 수 있다는 것이 동양미□를 계計하는 식자識者들의 요론要論[3]이다.

곡선이 직선보다 긴 것은 물론이다. 조선의 건축을 보라, 의복을 보라 그리고 일상에 소용되는 모든 □□들까지도 어느 것 하나 곡선의 모형이 아닌 것이 없다. 이 곡선이라는 것은 무엇을 의미하는 것인가. 그

1 끝뇌로 발표.
2 아직 면하지 못함.
3 중요한 부분에 대한 논의.

것은 현실을 이 주저呪咀스럽고 미운 현실을 떠나서 어떠한 꿈을 그리는 것이다. 현재가 불만한 까닭에 보다 나은 미래를 동경하거나 즐거웠던 과거를 추억하여 비로소 □족하는 것이다. 조선 가옥에 처마가 조금 위로 들린 것 같은 것이라든지 김치 담그는 항아리가 땅에 놓여지는 곳이 동그래서 불안스럽게 보이는 것(그 밖에도 예를 들면 수없이 많지만은)은 조선 사람이 얼마나 현실에 대하여 괴로워하는가를 그 제작품을 통하여 말하고 있다. 이러한 말이 교단教壇에 섰는 이국인의 입으로 외쳐질 때 나는 눈물에 젖은 내 눈을 남이 볼까 두려워 내 책상만 내려다보고 앉았던 것이 생각이 난다.

× ×

과연 조선 사람은 현실에 대하여는 늘 불평을 품어 왔고 또 품고 있다. 모든 환경이 모든 역사가 이 불평 이 불만을 우리들에게 귓속질하고 있음이다. 그런고로 될 수 있으면 현실을 보지 말라. 아름다운 낙원의 노래를 부르자. 하다못해 '데카다니즘'[4]이라도 불러 보자 하는 것이 조선 청년의 머릿속 어느 구석일지 모르나 이따금씩 번득여 있던 것이 과거의 청년사를 만들었던 것이다. 그래 그런지 조선 사람은 시를 좋아하고 소설을 잘 읽는다. 그 까닭은 나의 속단인지는 모르나 모든 바람望과 소원이 시와 소설 가운데서는 가급적 자유로이 성취할 수 있는 것이었다. 그런 때문에 내가 어릴 때 읽은 책은 거의가 문학이나 예술에 관

4 데카당스(décadence). 세기말적(世紀末的)인 문예사조의 명칭. 퇴폐주의(頹廢主義), 쇠미(衰微), 쇠퇴(衰退)를 뜻하는 프랑스어.

한 서적인가 한다. 나뿐만 아니라 나와 동년배同年輩의 사람들은 대개 그러하였으리라. 세상을 어렴풋이나마 그리고 있었다면 그것은 소설에 나타나는 구상 그대로였었다. 내가 좋아하는 이성異性이란 것을 반드시 시에서 그리고 소설에서 주인공으로 나오는 그 사람인 것 같이 생각하고 있었던 것이다. 따라서 나는 때때로 스스로가 소설의 여주인공이 되어 있는 것 같은 느낌까지도 가져본 적이 있었다.

직업부인이 되었다. 여기에 현실이 나왔다. 아무런 사정도 주저도 없이 살을 베이고 뼈를 깎아 내는 의사의 메스가 외과 환자의 상처에 내림같이 나는 여지없이 현실의 정체에 부딪히지 아니하면 아니 되게 되었다. 시에서 소설에서 내다보던 세상과는 너무도 틀렸다는 것이 나의 첫번으로 얻은 느낌이다. 좋고 언짢은 것을 말하려는 것보다도 어쨌든 무척 틀린 것만은 사실이다. 기이奇異와 찬탄讚嘆으로 나의 온 신경이 용솟음하고 어떤 때도 현실은 이것이 항다반恒茶飯[5]의 일이오 내가 가장 정당하다고 보는 것은 현실은 이것을 웃는다고 한다. 나는 정신이 얼떨떨하다. 그러나 이 현기증도 시일의 경과를 따라 그 반응의 각도가 점점 좁아지게 되고 현실 그것을 통하여 사물을 조금식이라도 관찰하게 되었다. 남성이 야심이 있고 수단이 있고 배짱이 있다고 말한다. 나는 그 까닭을 직업부인이 된 후에 절실히도 깨달았다. 자기의 평판을 얻기에도 힘이 들고 때가 굽어지거든 하물며 자기 한 몸에다 곡을 달고 있는 혈육을 연한 부모나 처자를 그네들이랴! 말쑥한 양복에다 몸을 싸고 노르스름한 얼굴 위에 까만 두 눈을 껌벅거리며 철필대를 들고 있는 신사들이

5 차를 먹듯 늘 있어 예사(例事)롭고 흔함.

무리를 지어 둘러앉은 그 속으로 들어올 때마다 나는 알 수 없는 비장한 느낌을 맛보는 것이다. 일종 형용할 수 없는 인생의 순조를 보는 듯도 하고 생이란 전선 위에서 같이 싸우고 갈 동지와도 같다. 나는 이러한 의미로서 까닭 없이 남성의 횡포를 저주하고 그들의 음모를 파하는 대신 그렇게 하지 아니하면 될 수 없는 사회적 환경을 보았다. 사실 원시시대로부터 사람은 빵을 얻기에 얼마나한 수난과 혈전을 계속하여 왔던고. 그러나 그때에는 대부분이 자연에 대한 □전과 투쟁이었다. 하지만 현대 기계 문명이 극에 달하고 있는 때에도 사람은 빵에서 해방되지 못하고 있다. 이러한 동안 '빵을 얻지 못하면 죽음'이라는 이 절도切道한 환경에서 그들 남성에게는 그 횡포와 배짱은 어느 정도까지로 불가피의 운명이 아닐까 한다. 이것이 나의 둘째로 얻은 느낌이다.

× ×

직업부인이 이따금씩 진정한 직업부인의 의미를 오래 계속치 못하고 짧은 시일에 그 방향을 □한다는 것을 들었다. 또 보았다. 나는 그 사람들은 대개로 두뇌가 예민하고 동시에 여성 중에도 가장 그 '성性'을 보존하는데 충실한 사람이라고 본다. 그 까닭은 여자가 직업을 가지게 되면 어느 정도까지 남성화하는 것이다. 그래서 우리는 중성이라는 여자 또는 남자의 존재를 안다. 직업 앞에서는 □□한 감정이라든지 민감한 의식은 불필요하다. 일을 위하여서는 □면도 하여야 되고 때로는 남자다운 강한 의지와 굵직한 선의 활동이 필요한 것이다. 조그마한 일 때문에 얼굴을 붉힌다든가 남이 꺼리는 일인 듯 싶어서 이편에서 말을 조이는 것은 어리석은 것이다. 직업 앞에서는 신경이나 그리고 감정의 존재는 무용의 장물인 경우도 있다. 비현실적인 조선 사람으로서 또한 그 중에서도 규중 깊은 방에서 나서 자라고 죽던 조선부인들 임에 일시적 호기심이나 또는 부득이한 사정으로 말미암아 직업부인이 되었다하자. 이 엄숙한 현실의 채찍 아래서 대개는 비명을 낼 것이 그리 이상한 일은 아닐 것이다. 그래서 될 수 있으면 그 질곡을 벗어나 도망해 버리는 그 이유도 겨우 깨달았다.

참다운 직업부인 그것은 좀 더 시일을 요할 것이다. 피투성이 되어 쓰러지는 선각자의 직업여성이 이 거리서 보인 뒤에 비로소 그를 진정한 직업부인이 올 것이다. 이것이 셋째로의 나의 감상이다. 시일이 경과하면 새로운 감상도 있을는지 모르나 위선 이만하기로 한다.

—『조선지광』, 1930.1.

남자는 약하다

'남자는 약하다'는 말을 하려면 평범은 하지마는 '약한 자여 너의 이름은 여자이니라' 한 셰익스피어의 말을 부정하게 되는 것이다. 왜 그런고 하니 '강한 자여 당신의 이름은 남자이니라' 한 말의 대칭으로 쓴 것이니까.

그러나 지력과 건강과 막대한 돈을 허비하여 그나마 십 년이나 이십 년의 시간을 허비하여서 전문학교이니 대학교이니 하며 졸업하고 나온 그이들을 보라. 석 장 넉 장이나 되는 미농지에다 보기 좋게 늘어 쓴 그들의 이력서가 회사 공장 은행 학교의 먼지 쌓인 서랍 구석이나 그렇지 않으면 쓰레기통으로 굴러가는 것은 무엇을 말함이냐.

잘 발육된 사지와 함축된 기력을 부릴 곳이 없어서 대도회大都會 좁은 골목에서 누렇게 떠가는 젊은 노동자의 무리를 보라. 오늘도 빈손으로 두 어깨가 척 늘어져서 흐느적거리는 양복쟁이를 보라. 그의 머릿속으로 찌푸리고 앉았는 여관 주인의 얼굴, 한숨짓고 있는 아내의 환영이 지나갈 때마다 그는 몸서리를 치면서 눈을 감을 뿐이다.

남자! 힘센 남자 꿋꿋한 남자! 그러나 이것은 다 어떠한 환경 어떠한 조건 밑에서 볼 수 있는 것이다. 현대 사회조직의 모순으로부터 오는 살인적 불경기는 모든 남자의 몸에서 정력을 뽑아 버렸나니! 모든 청년의 핏줄을 말리어 바렸나니! 아아 약한 자여 당신의 이름은 조선 남자인저!

—『별건곤』 제31호, 1930.8.

명사 부인기자 상호 인상[1]

내가 본 김말봉 씨 / 최의순(동아일보사 기자)

서울이 넓다 하여도 역시 좁다. 웬만한 소식은 당일로 팽 도는 것이다. 더구나 소식통인 신문기자의 귀에야 더 말할 것도 없다.

이리하여 말봉 씨가 중외中外에 입사한다는 소문은 그가 서울에 오기도 전에 팽 돌고 말았다.

어떤 날 신문사 일이 끝나서 나오려 할 즈음에 어떤 사회부 기자 한 분은 나에게 이런 말을 꺼내었다.

"여보세요 최 선생. 좋아하실 소식이 하나 있습니다."

"네? 내가 좋아할 소식이요?"

나는 퍽 궁금증이 났다.

"최 선생에게 좋은 동료가 한 분 생긴데요."

"좋은 동료라니요? 거짓말이지요. 저한테 동료가 생긴다면 내가 먼저 알아야 할 터인데. 남이 먼저 알아요. 거짓말이 분명하지 않아요."

이러한 대화 끝에 그는 말봉 씨가 중외에 입사하리라는 설을 나에게

---

1 김말봉(金末鳳)으로 발표.

들려주었다. 그 말을 듣고 나는 혼자 속으로 중얼거리었다.

'정말 되기는 내 동료가 될 터인데 남이 먼저 알았군. 무슨 수수께끼 같은데.'

나는 집으로 돌아오면서

'김말봉? 처음 듣는 이름인데 어떤 사람인가?'

속으로 이런 궁금증을 내면서 종종걸음을 쳤다.

집에 가서는 다른 일에 볶데기 치는 바람에 잠깐 잊었다가 저녁 식사 후에야 남편하고 이야기가 났다.

그는 말봉 씨를 안다고 것이었다. 동경서 어떤 친구 집 문전에선가 잠깐 만난 일까지 있는데 나보다 훨씬 사교적일 것이요 속단 있는 여성 같이 보였다는 것과 동경서 여학교를 다니고 아마 경도 동지사로 가 있었다는 말을 들은 법하다는 말까지 하였다. 그 후에도

'여태까지 부인기자로는 외톨이 노릇을 하여 외로울 때와 쓸쓸할 때도 적지 않더니 이제 동료가 생기는구나.'

하는 예기[2]의 기쁨에 섞이어 그가 어떠한 위인인가 하는 궁금증은 역시 떠나지를 않았다.

그러나 나는 지금 그 궁금증의 내용을 해부해 보고 싶지는 않다.

또 내 버릇이 나왔나 보다. 붓 끝이 지엽[3] 달아나는 것을 나 스스로도 느낀다. 탈선하기 쉬운 성격의 소유자라 어쩔 수 없다.(화학을 전공하고 신문기자 노릇을 하는 것도 우선 대탈선이지만.)

---

2 豫期. 앞으로 닥쳐올 일에 대하여 미리 생각하고 기다림.

3 낱장.

작년 이맘때의 어떤 석양이었다.

"계세요?"

하는 낯익은 목소리에 뒤따라 그 보다도 좀 우렁찬 웃음소리가 우리 문전에 들이었다. 이 두 목소리는 더위에 못 견디어 낮잠을 청하고 누었던 나를 벌떡 일으키었다.

"계세요?" 하던 이는 본디 나와 친하던 황신덕 씨인 줄 곧 알았으나 우렁차고 부드러운 웃음의 소유자는 처음 대하는 손이었다. 황 씨의 자세한 소개는 그가 한 동안 내 머리에 '?'이 되었던 말봉 씨인 줄을 알게 되었다.

내 눈은 한참 동안 그를 바라보기에 분주하였다.

그의 질소[4]하고도 경쾌한 차림차림은 아무에게나 호감을 줄 것 같았다. 더욱이 일본 미션 학교에서 한 시절 유행하던 청지머리 같이 빗은 머리 모양이 몇 갑절 구수하게 보였을 뿐 아니라 무엇보다도 경상도 사투리가 고명 삼아 섞여서 성큼성큼 넘어가는 그 부드러운 말투는 시원한 바람이 불어오는 것 같기까지 하였다. 그리고 어디로 보든지 활발한 기상에다가 미션의 고유한 정기 — 애교라 할까 — 가 감돌아들어 듣기 좋게 말하면 사교 타입이요 실쭉하게 말하면 전도부인 타입이라고도 생각하였다.

마지막으로 말봉 그는

"우리 자주 만나서 좋은 이야기를 할 기회가 많았으면 합니다."

하는 말을 남기고 올라오지도 않고 마당에서 돌아가려할 때 나는 적이

4 質素. 꾸밈없고 수수하다는 말.

미안하였다.

그 후 나는 가끔 공석 혹은 사석에서 만날 기회가 있었다.

그럴 때마다 나는 매양 그에게서 신문기자로서의 좋은 소질을 찾을 수 있었다. 그리고 그이 가볍지 않은 입과 원만한 태도는 기자로서의 그의 일을 그릇되게 하지 아니 할 것이다. 물론 반죽 좋고 태없는 것이 그의 또 한 가지 장처라 할 것이다.

그러나 나는 그 이상의 모든 그의 장점보다도 그를 부러워하는 점이 하나 있으니 그것은 그의 건강이다. 작년 겨울 신문사로서 가장 바쁜 때의 하나인 바로 양력 연말연시 통에 한성병원 입원실로 그가 나를 찾아 주었을 때 그의 건강한 몸으로 사社일을 위하여 동분서주하는 용감한 자태를 보고 나는 그의 건강이 부러워 못 견디었다. 남들이 사일을 분투하는 동안에 병석에 누워 있는 나의 쓸쓸함 그리고 우리 사에 대한 미안한 마음 아직도 그것은 내 머리에서 사라지지 않는 일의 하나이다. 그리고 언제인가 나는 조극朝劇[5]에서 그가 그의 남성 친구 한 분과 악수하는 것을 본 법하다. 이러한 점은 더구나 도저히 나로서는 발뒤꿈치도 못 좇아 갈 일이다. 이러한 점으로 그는 확실히 '모던'에 속한다 할 수 있다. 내가 우리 사에서 너무 비모던이라는 조롱을 받고 있는 데 비하여 그는 분명히 일보 앞섰다고 할까.

하여간 그가 부인기자가 되기 위하여 또한 여성 운동을 하기 위하여 모처럼 만들었던 사랑의 보금자리조차 떨쳐 버리고 멀리 남국에서 중앙의 한양으로 그의 걸음을 옮겨 놓았다는 그 웅지[6]만으로도 그는 비범

5 조선극장.

6 雄志. 웅대한 뜻.

한 점이 없지 않다고 본다.

여하간 그는 여성의 하나로서 그중에도 조선 여성의 하나로서 더욱 좁게는 부인기자로서도 대체로 보아 좋은 기질을 가진 이라고 나는 본다.

그녀의 기자로서의 활약이 나날이 빛나기를 빌며 나의 그릇된 관점이 있거든 독자로 더불어 말봉 씨 용서하사이다.

비치는 대로의 최의순 씨 / 김말봉(중외일보사)

내가 동아東亞의 최의순 씨를 처음으로 만난 때는 작년 여름 어느 날 오후에 황신덕 씨의 소개로 바로 황 씨와 이웃하여 있는 최 씨의 살림하고 계시는 집에서이다. 그때에는 첫 번 만난 때라 수줍어 그랬던지 그 분에게 대한 똑똑한 인상이란 것은 별로 없었고 그저 한 말로 말하자면 그의 머리는 매우 곱슬곱슬한 여성이라고 느낀 것은 사실이었다. 그 후 조선극장에서 레뷰[7]를 새로 두었다고 각 신문사 학예부 사람들을 청하는 통에 우리 신문사 사람들과 같이 나도 갔다. 나는 그때 처음으로 보는 여러 사람이 있었다. 그런 중에도 내 옆에는 바로 성해 이익상 씨(당시 『동아일보』 학예부장)가 앉았고 이편으로는 최의순 씨가 앉았었다. 한참 레뷰걸들이 춤을 추는데 어느 장면인지 여러 레뷰가 일시에 쭉 미끄러지는 장면에 이르자 옆에 앉았던 이익상 씨가 고만 깜짝 놀라는 것을 보고 나는 '히니구'[8] 비슷 '야지'[9] 비슷한 유모어가 어찌도 재미스럽고 우스

---

7 revue. 보통 일련의 촌극(寸劇), 노래, 춤, 모놀로그 등 여러 종류의 오락거리를 다양하게 구성한 연극 형태.

운지 나는 숨을 죽여가면서 한참 웃었다. 그러다가 이편에 최의순 씨를 쳐다보니까 그이도 나만큼이나 웃고 있었다. 우리는 바로 오래 친한 사이처럼 서로 무릎을 부비대고 한참 웃었다. 그러다가 최의순 씨는

"아이구 선생님도 그만 일에 무얼 그렇게 놀라세요."

하면서 빈정거리듯이 놀려대니까 이익상 씨는 천연덕스럽게

"아니 난 깜짝 놀랐거든!"

하는 말에 우리는 다시 한 번 웃었다. 이때 레뷰의 춤은 끝이 나고 무대는 다른 장면을 꾸미느라고 막이 내려졌다. 우리는 비로소 서로 쳐다보고 이 말 저 말로 환담을 시작하였다. 나는 그때 바로 가까이 앉아서 최의순 씨와 이야기를 하게 되었다. 그의 곱슬머리 밑에서 빛나는 두 눈은 꼭 잘 만들어 놓은 인형의 눈처럼 광채가 나고 흑백의 눈자위가 분명하였다. 그의 얼굴의 미도 미려니와 나는 그의 목소리에 취하였다. 부드럽다고 할지 명랑하다고 할지 어떻든 몹시도 정답게 들려 (지금도 그러하거니와) 그때에는 얼마나 그의 인품이 상냥스럽고 사람을 끄는 매력이 있는 것을 느꼈다. 사실 말이지 언제인가 우리 신문사 사회부에서 이런 말 저런 말들을 하다가 인물평이 나왔는데 그때에 이구동성으로 최의순 씨의 목소리, 더욱이 전화를 통하여 듣는 목소리를 칭찬하였다.

그 뒤에 최 씨가 불행히도 병환이 생겨서 의전 병원에 입원을 하시었다. 나는 어느 날 그이를 위문하러 갔었다. 여러 날 간호에 지친 그의 부군 진장섭 씨의 얼굴에는 어딘지 근심하는 빛이 가득하여 보였다. 의순 씨는 그 고은 눈을 뜨고서 한참이나 나를 보더니

8 ひにく. 빈정거림, 비꼼.
9 やじ. 야유, 놀림.

"나는 어쩐지 다시 일어나질 것 같지가 않아요."

하면서 쓸쓸하게 웃는다. 이 말이 어찌도 애처롭고 민망스럽게 들리는지 나는 되도록 병자와 또 그의 부군에게 위로의 말을 드렸다. 마침 의사의 회진 시간이 되어 간호부가 먼저 들어왔다. 이때에 의순 씨는 부군 진 씨를 쳐다보고 웃으면서

"당신은 나가 주세요" 하니까

"응, 그러지요."

하면서 얼른 문 밖으로 나갈 때 나도 나가야 될 것을 깨닫고 인사를 하고 나오려니까 의순 씨는 남자 의사가 들어올 것을 생각하고 옷매무새를 다시 고치며 흐트러진 머리에다 걱정스럽게 손이 가는 것을 보았다.

그 후에 어느 곳에서 또다시 인물평이 나자 나는 서슴지 않고 최의순 씨에게는 어딘지 귀족적(좋은 의미에서) 기분과 염치심이 강한 여성이라고 말한 일이 있던 것이 기억이 된다. 그밖에도 몇 가지 인상이 있으나 통틀어 말하면 내가 서울 와서 접하는 여성 가운데 매우 얌전하고 고운 여자의 한 사람이란 것만은 사실인가 한다. 이상 말한 것은 씨의 직업인이란 것을 떠나서 단순히 인물 그것만으로 받은 인상이나 그가 여류기자로서의 활약은 우리의 선진인 만큼 또한 평기자들이 따르지 못할 일면이 있을 것을 모르는 것이 아니나 여기에서는 약하기로 한다.

—『철필』, 1930.8.

나의 분격

신가정 8월호에는 「김말봉론」이란 제법 긴 논문이 실렸었다. 문제가 내 자신에 관한 일인 만큼 첫 줄부터 일자 일획에 모든 주의를 다하여 단숨에 끝까지 읽어 버렸다.

그러나 다 읽고 난 나는 마치 잎사귀가 무성한 나무에서 열매를 얻지 못하고 돌아선 때처럼 허수하고 적막한 느낌을 어찌할 수 없었었다.

단순히 적막하였다는 것보다도 다분의 불쾌를 느꼈으니 그것은 미안한 일이나 김문집 씨라는 청년이 한사람의 평자評者로써 내 눈에 비친 것이 아니라 글 전체의 문의文意가 마치 가로 상을 비틀거리고 지나가는 주정뱅이의 허튼 수작과 같이 내 귀에 울렸다는 사실이다.

속담에 뺨을 맞아도 은가락지 낀 손에 맞으라는 말이 있거니와 좌우간 나는 이 까닭 없는 논문을 그대로 묵살默殺하여 버리고 말았다.

그러나 날이 갈수록 나의 지인친우知人親友 간에는 나의 침묵에 대하여 초조를 지나친 분노의 빛까지 보이는 그 고마운 뜻을 저버리기 어려워 이제 붓을 들기로 하였다. 김문집 씨가 의기양양하게 뱉어 놓은 문구 가운데서 가장 걸작인 부분은 다음과 같다.

'방금 주인집 아이에게 물건 사려 심부름을 보냈더니 말봉 씨의 소설이 실린 모 일보某日報로 싸가지고 왔다. 6월 12일 『밀림密林』 제179회분을 완전하게 읽을 수 있는 신문지 쪽이다.'

이상의 몇 마디 말로써 김 씨가 평소에 『밀림』이란 소설을 읽지 아니하였다는 것과 따라서 『밀림』이 어떻게 하잘것없는 소설이라는 뜻을 언외言外에 표시한 듯싶다.

그러나 이것은 김 씨 자신이 한 개의 평가評家로서의 무자격과 몰상식을 광고한 것밖에 아무 것도 아니었으나 대개 어디 세상에서도 정당한 평론가 쳐놓고 이러한 풍속으로 남의 작품을 평하는 예가 없음이다.

그보다도 놀랄 만한 일은 단순히 『밀림』 179회분의 한 토막을 가지고 무려 다섯 페이지 반의 어학강의를 계속하였다는 사실이다. 강의의 첫머리는 다음과 같다.

'말봉 씨에게 충고하고 싶은 것은 소설에 함부로 국어를 쓰지 말라는 것과 부득이 쓰는 경우일지라도 그것이 참말의 국어이려니 하는 생각만은 빼라는 것이다!'

김 씨는 나의 국어의 부족한 것에 대하여 무척 흥분하신 모양이다. 그러나 원래 한 나라의 말을 참으로 미묘한 진수(김문집 씨의 말대로) 델리케이트한[1] 호흡을 가지고 글도 쓰고 말도 하는 사람은 결국 그 말의 주인 되는 즉 그 나라 민족만이 가진 특권이다.

---

1 delicate. '섬세한, 우아한'의 뜻.

그 때문에 어떻게 교묘하게 번역된 책이라 할지라도 그 원문原文과 비교하여 볼 때에는 천양의 차가 있는 것을 가끔 발견하는 것이다.

하물며 김문집 씨는 대담히도 조선 청년 가운데서 참으로 국어를 하는 사람은 한 사람도 보지 못하였다고 단언한 그 눈에 나와 같이 무명작가의 역域을 면치 못한 사람의 국어가 어떻게 판무식으로 비치었음인지? 하지만 모르는 것을 모른다고 나무라는 데는 일언의 변명이 있을 까닭이 없다.

그러나 실상인즉 모른다고 호령호령하는 그 김문집 씨 자체가 사건의 진전進展을 알지도 못하고 철없는 머슴아이가 돌멩이를 던지듯이 함부로 늘어놓은 그 설교에 나는 문득 참을 수 없는 조롱의 웃음을 흩뜨리고 만 것이다.

'さ お花を差し上げませう そしてお辭儀をしませう.'[2]

이 말이 여자의 인사로서 더욱이 어린아이를 통하여 남자에게 선물을 드리는 여자의 말로서는 뚝뚝하고 거칠다. 과연 그렇다. 김문집 씨는 총명하다. 그러나 용서할 수 없는 것은 김문집 씨 자체가 말한 바와 같이

'아마 요시에와 싱만과는 대단한 무슨 심적 고민의 로맨스가 있었던 모양이다. 누가 실연을 했거나 짝사랑을 했거나!'

2 자 꽃을 드리겠습니다. 그리고 사의를 하겠습니다.

이렇게 모호한 지식을 가지고서(요시에에게만 반하여) 일천 수백 행의 논박을 했다는 것이다.

'さお花を 差し上げませう云云.'[3]

위대한 김 씨의 독단적 비평은 상만과 요시에와 그리고 꽃을 드리는 아이의 관계가 어떻게 되어 있는 것을 알지 못하고 있는 김문집 씨로서는 할 만한 말일 것이다. 그러나

'さお花を! 云云.'[4]

하는 말은 결단코 꽃을 드리는 인사가 아닌 것이다.

요시에가 꽃을 드리며 하는 그 말 가운데는 칼도 있고 불도 있고 저주와 악담과 조롱과 복수의 온갖 것이 포함되어 있는 일종의 선전포고宣戰布告이다. 보통 여자가

'이놈아 너는 나를 망쳐 놓고 잘도 장가를 드는구나.'

하고 이를 부드득 갈고 덤벼들 경우이다.

그 때문에 이것은 한 여자가 한 남자에게 보통 회화로써 인사를 하였다는 것보다 어떤 주문呪文이랄까 격檄이라고 볼 수 있는 말이다.

---

3 자 꽃을 드리겠습니다 운운.
4 자 꽃을! 운운.

총명한 김문집 씨여. 일천여 행의 당신의 어학 강의는 여기에서 비로소 부질없는 잠꼬대가 되고만 것을 깨달았나이까?

충실히 읽어도 보지 못한 작품을 평하겠다고 대담스럽게 붓을 잡은 김문집 씨의 태도를 어떻게 해석할까? 사나이답지 못하게 공연히 남의 작품에 티를 넣자는 악의가 아니라면 그는 분명코 그의 대뇌를 조직하고 있는 신경줄의 몇 가닥이 빠졌다고 볼 수 밖에 없는 노릇이다.

'이만 하면.'

하고 북어대가리를 물고 달아나는 강아지 걸음처럼 바쁘게 붓을 놀린 김문집 씨의 만용에는 경악을 초월한 분반噴飯[5]의 경지境地가 있을 뿐이다.

수영복이란 것은 수병복水兵服의 오식誤植[6]이었다. 그런데도 불고하고 일부러 '水泳服'이란 한문 글자까지 넣고

'네 살 먹은 아이가 수영복을 입을 이치는 없다!'

하고 나를 가리켜 비통속적이라고 하였지마는 수영복으로 생각하고 수영복水泳服이란 글자를 붙인 김 씨가 좀 더 비통속적인 것이다.

방금 아침에 기차에 내린 아이를 더구나 꽃다발을 둘러서 사람 있는 곳에 내놓는 아이에게 무슨 까닭으로 수영복水泳服을 입히겠냐 말이다.

---

5 입 속에 있는 밥을 내뿜는다는 뜻으로, 참을 수가 없어서 웃음이 터져 나옴을 이르는 말.

6 잘못된 글자나 틀린 글자를 인쇄함. 또는 그런 것.

그보다도 김문집 씨여 당신이 자본으로 삼고 있는 『밀림』 179회보다 한 회나 혹 두 회를 앞서 읽었더라면 벌써 절기가 9월 중순인 것을 알았으리이다. 그랬으면 부질없는 수영복水泳服 문자를 가지고 지면을 점령하지 않았으리이다. 도대체 김문집 씨여 읽지도 않은 『밀림』을 무슨 염채로 평評을 하겠다고 나섰더이까. 알고 싶소이다.

『신가정』 8월호 71면 맨 마지막 줄에 '상만이 말소리 나는 곳을 돌아보니! 운운' 하는 말은 그 문장의 추고堆敲[7]가 부족한 탓으로 얼핏 읽으면 그 말소리의 주인이 상만 군으로 '하야갓덴' 하게 된다 하는 문구가 있다.

이것은 김문집 씨 자신이 문장의 추고가 부족한 것을 증명함이니 말소리의 주인공이 상만 군이라고 표현함에는

'상만의 말소리가 들리는 곳.'

하는 훌륭한 '의'자가 있는 것이다.

김문집 씨여 당신은 '상만이 말소리 나는 곳을 돌아보니' 하는 것은 안 되었다 하시면

'상만이가 말소리 나는 곳을 돌아보니.'

하여야만 되겠습니까? 그러나 이것은 당신보다 또 나보다 제삼자가 더

7 '퇴고(글을 지을 때 여러 번 생각하여 고치고 다듬음)'의 잘못.

잘 알 것이외다.

그 다음 고행苦行이란 나의 단편소설에 대하여

'「행락」이라고 제목을 붙이지 아니하였느냐'

하는 말에 나는 이렇게 대답을 하여 둔다. 좀 더 해학적이고 풍자적 취미를 이해할 수 있는 사람이라면 고행苦行이란 제題가 행락行樂이란 제題보다 훨씬 더 나은 것을 알리라고.

또 한 가지.

'이왕 하오리로 입느니 상(유까다로 고쳐준 것은 고맙게 받는다). 그것을 걸치고 벽장 속으로 들어가지 않고 일부러 벗은 몸으로 들어가서 빈대 벼룩의 고통을 겪었다는 것은 부자연스러웁다 운운.'

김문집 씨가 좀 더 찬찬이 「고행」을 읽어 보았더라면 그리하여 그 숨는 벽장이 얼마나 좁았던 것과 또는 첨에는 입은 대로 들어갔다가 벽장문이 닫혀 지지를 아니해서 도로 끌려 나왔다는 것을 기억하고 있었더라면 이렇게까지 까닭 없는 말은 하지 아니하여도 될 것이다. 그러고 또 한 가지 최가 녀석을 어떻게 퇴치하였다는 것을 쓰지 않았다고 불평을 말하였지마는 내가 쓰려는 것은 벽장 속에서 지난 수 시간이었고 따라서 「고행苦行」이란 제문을 생각하여 볼지라도 그 중요한 장면은 벽장 속이요 최가가 그리 중요치 아니한 것은 두말할 여유가 없는 것이다.

끝으로 「고행」의 맨 마지막에 가서 주인공이 껄껄 웃고 말아야 될 장면에다 그 남자로 하여금 언제까지나 울도록 만들었다고 대단한 공격이 나섰다.

그러나 김문집 씨가 그 주인공 되는 사나이가 어떤 개성을 가진 사람인 것을 좀 더 잘 이해할 수 있었더라면 그 주인공이 껄껄 웃을 사람이었는지 아닌지를 알 것이다.

그는 결코 김 씨가 말한 명랑하고 수완가인 남편은 아니었다. 그는 회사에 있을 때 아내에게서 온 전화를 받고 놀랐다. 미자가 자기 집으로 왔을 때 무서워하였고 아내를 집에 두고 미자의 집으로 와서는 후회하고 우울하고 아내가 와서 벽장 속으로 들어간 뒤에도 후회하고 자책하고 번민하다가 어느 시각에는 영웅으로 그 다음 시각에는 성인聖人으로 할 학자로 자신을 변명도 하고 위로도 해보는 구차스러운 남성이 있다는 것을 김 씨가 미리 속에 두었더라면 끝에 가서 아내와 아들을 안고 울었다는 것이 이 주인공으로서는 할 만한 일인 것을 깨달았을 것이다.

껄껄하고 웃지 않았다고 그것이 희극으로 실패한 것은 아니다. 희극은 반드시 웃어야만 되는 것은 아니다. 눈물은 때로는 웃음 이상의 희극을 보여주는 때가 있는 것이다. 김문집 씨 이전에 「고행」을 평하신 어느 분의

'아내와 아들을 안고 울었다고 과연 미자와의 관계가 청산될 것인가?'

하고 염려하신 말씀이 생각난다. 미자와의 관계가 청산이 되었는지 아니 되었는지 그것은 작자 자신도 알 수 없는 일이다. 다만 작자는 벽장

속 두서너 시간을 그리는 것이 목적이었다. 어떤 일로 어떤 사나이가 어떻게 벽장 속으로 들어가서 그와 같이 어려운 고행苦行을 하였는지 그것을 그리고 싶었던 것이다.

끝으로 김문집 씨와 또 일반 비평가 제 씨께 한 마디 부탁드리는 말이 있다.

유까다를 하오리로 잘못 쓴 것 같은 그런 실수가 또 그와 비슷한 실수가 『밀림』 속에도 많이 있을 줄 안다. 바라건대 그러한 잘못을 얼마든지 지적하여 주시기를.

—『삼천리』 제8권 12호, 1936.12.

여행을 하고 싶다

동지사 여자전문 영문과를 나온 뒤 지금은 없어진 『중외일보』 부인 기자로 일 년 동안 일보다가 가정으로 들어갔습니다. 지금부터 육 년 전 『조선중앙신문』에 현상에 「망명녀」라는 단편이 당선이 되고 그 뒤 잡지 신가정에(지금부터 삼 년 전) 단편 「고행」을 실은 뒤 동아일보에 「밀림」을 연재하게 되었습니다. 어떤 사정으로 「밀림」이 휴재되고 조선일보에 「찔레꽃」을 연재하여 끝을 막고 여류선집에 「편지」라는 단편을 실었습니다. 지금은 다시 「밀림」을 연재하는 중입니다. 새해의 소망이란 좀 더 좋은 작품을 내보려는 것입니다.

될 수 있으면 평시에 맘먹고 있는 여행도 해볼 작정입니다.

끝으로 부엌에 대한 주의 몇 가지를 더 말씀하고자 합니다.

일, 일상 사용치 않는 기구는 부엌에 두지 말 것.

이, 늘 쓰는 기구는 손 가까이 둘 것.

삼, 장은 깊게 만들지 말고 그릇이든지 양념병이든지 한 줄로 늘어놀 수 있게 해서 찾느라고 애쓰지 않고 손쉽게 끌어 쓸 수 있도록 할 것.

사, 장은 전부를 벽에 붙여서 제물장으로 만들고 따로 만들어 붙이지 말 것.

오, 일정한 곳에 일정한 물건을 두어서 눈 감고 가서 더듬어도 찾는 물건이 손에 꼭 잡히도록 할 것.

육, 주방은 항상 청결해야 할 것.

칠, 설거지는 끓는 비눗물에 초벌을 씻어서 다시 맑은 뜨거운 물에 해울 것.

팔, 행주는 매번 삶아서 비치하게 할 것.

이러한 설비와 정돈이 되어있다면 주부의 생활이 편리한 동시에 가풍과 가정질서가 자연히 모범적이 될 것이다.

—『동아일보』, 1938.1.8.

6. 설문

여자가 본 남자 개조점改造點[1]

중상中傷[2]치 마라 (『중외일보』 김말봉)

그 사람의 특기特技를 조장助長시켜라. 아직 여자는 무슨 일이든지 남자의 코치를 받아 행하는 도정이니까 현저한 그 결과를 알 수 없으나 남자와 남자 사이에서 탁월한 사람이 있으면 그 특재特才를 나타내주고 길러주지는 않고 도리어 그를 시기하여 어떻게 해서라도 중상시키고 말살 시키려고 한다.

일본 사람과 조선 사람을 비교하면 개인으로는 조선 사람이 무엇으로 보든지 우수하지만은 단체의 성적을 볼 때에 조선 사람이 퍽 떨어진다. 이것이 즉 조선 사람은 개인의 특장特長을 길러주지 않음으로써 일어나는 현상이라고 볼 수 있다. 부대 그 성질을 고쳤으면 한다.

—『별건곤』 제25호, 1930.1.

1 이 설문에는 다음의 필자가 참여하였다. 「비평답게 비평해라」(동아일보 최의순), 「정조(貞操)와 연초(煙草)」(동덕여고 김인순), 「활기를 내라」(조선일보 윤성상), 「가정경제를 주부에게」(한일은행 한신광), 「시간을 이용하라」(실천여녀고 황신덕), 「세 가지 조」(황애덕), 「좀 더 충실하였으면」(김원주), 「우월감을 버려라」(박성환), 「세소한 습관」(성선희).

2 근거 없는 말로 남을 헐뜯어 명예나 지위를 손상시킴.

내가 본 나, 명사의 자아관自我觀[1]

1. 겉으로는 활발한 척하나 그 실상인즉 적은 일 한 가지를 가지고 며칠을 두고 남몰래 속을 썩이는 일이 종종 있다.

2. 감격성이 너무 많다. 그 때문에 좋은 일도 있을는지 모르나 때로는 스스로 후회할 만한 경우도 많다.

3. 내라는 사람은 참 마음을 피로하여 대하는 사람에게는 비록 그 사람이 결함과 과실의 덩어리라 하더래도 끝까지 그를 변호하고 지지하고 싶다. 그러나 자기의 약점을 억지로 감추고 슬슬 발라 넘어가는 사람에게는 암만해도 참 우정을 허할 수가 없는 것이다.

4. 마지막으로 나는 너무 스스로의 결점만을 생각하고 앞으로 어찌어찌하여 가겠다는 희망과 용기가 부족하다. 그래서 날마다 나는 이것으로 더불어 싸우려 하는 것을 내 자신도 잘 안다. 이상.

—『별건곤』 제29호, 1930.6.

1 이 설문에는 다음의 필자가 참여하였다. 김미리사, 배인순, 유영준, 이덕요, 허영숙, 임효정, 신알베트, 최규동, 조동식, 안일영, 권덕규, 최두선, 이병기, 유진태, 신명균, 김여식, 이일.

명류부인과 산아제한

선생은

1. 산아제한을 실시합니까. 그 방법은?

2. 이 세상에 제일 소중한 것이 무엇입니까?

3. 아드님 몇, 따님 몇을 가지고 싶습니까?

4. 무슨 신문과 무슨 잡지를 보십니까?

중외일보사 김말봉(金末峯)

1. 기회가 오면 실행하려고 합니다.

2. 금년 세 살 된 나의 딸 매매가 제일 소중합니다.

3. 될 수 있으면 아들 둘 딸 둘을 가지고 싶습니다.

4. 신문사에 있는 관계로 조선문으로 발행되는 신문 잡지는 거의 다 보게 됩니다.

—『삼천리』 제8호, 1930.9.

십만 애독자에게 보내는 작가의 편지[1]

조각사의 태도로－「밀림」(동아일보) 작자로서

어떤 조각하는 이가 수 년 동안 심혈을 기울여 만든 대리석大理石 조각이 팔리게 되었는데 사는 사람이 무슨 까닭인지 코가 높다고 깎으라 하고 머리 뒤가 나왔다고 깎으라 하고 손과 발이 크다고 잘라버려 달라 하더랍니다. 조각가는 자기 생명을 불어 넣은 이 조각을 울면서 군데군데 긁어내고 깎아냈습니다. 그러나 그의 눈에 비친 조각은 너무도 미워졌습니다. 그는 손에 들었던 망치로 그만 그 조각을 산산이 부서 버리고 말았다 합니다.

독자 제씨 앞에 사뢸 말씀은 제가 「밀림」을 쓸 때 제 딴에는 힘을 다하여 썼습니다.

그러나 조선 사람이라는 것 또는 신문소설이라는 것 이 두 가지가 나의 작품의 코도 깎고 손도 잘라 버렸습니다. 내 눈에 보이는 「밀림」의 상처는 실로 참담합니다. 나도 예술가적 양심이 있다면 마땅히 「밀림」의 원고지를 죽 죽 찢어버려야만 옳을 것입니다.

1 이 설문에는 다음의 필자가 참여하였다. 「천주교도의 순교를 보고 「이차돈의 사」(조선일보)의 작자로서」(춘원 이광수), 「진보층의 이상과 고민을 「북국의 여명」(중앙일보)을 쓰면서」(박화성), 「감격과 긴장속에서－「홍운백운」(매신)의 작자로서」(방인근), 「진정한 독자의 소리가 듣고 싶다－「상록수」(동아일보)의 작자로서」(심훈), 「오직 작품을 통하야－「성모」(중앙)의 작자로서」(이태준), 「대중에게 반문합니다－「먼동이 틀 때」(동아일보) 작자로서」(이무영).

그러나 나는 예술가藝術家가 아닙니다. 나는 단지 가난한 조선의 한 여인입니다.

잘리고 깎인 대로 「밀림」에게 부탁한 나의 마음이 있습니다. 독자 여러분 앞에서 「밀림」이 목쉬게 부르는 서투른 곡조에 행여 귀를 기울여 주시는 분이 계시다면 「밀림」은 용감스럽게 노래를 계속하겠습니다.

— 『삼천리』 제7권 10호, 1935.11.

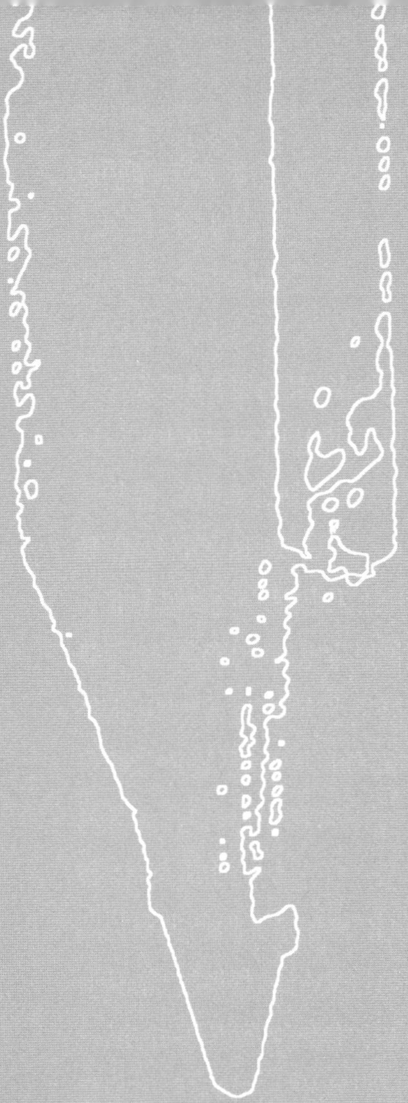

7. 콩트

산타클로스

바늘에 몇 번이나 손가락은 찔리어가며 양말의 뚫어진 구멍을 막아 문고리에 걸어두고 돌아설 때 이 속에 들어올 찬란한 예물의 가지가지를 그려볼 때 즐거운 초조가 망아지처럼 어린 일남이의 가슴을 설렌다.

성탄날 밤 산타클로스가 착한 아이를 찾아온다는 이야기 얼마나 듣기 좋은 말인지 일남은 자리 속에서 어렴풋이 세 번째 잠이 깰 때 훤하니 문살이 보이고 댕그랑 댕그랑 뚱땅 뚱땅 교회당 종들이 즐겁게 울리고 기다림과 초조로 일남의 가슴이 울리고.

일남은 후다닥 자리에서 일어났다. 산다람쥐 모양으로 날래게 그러나 가만가만히 문고리 곁으로 갔다. 그의 조그마한 윗입술 아래 방싯이 내다보이는 덧니도 아래 숨어있던 덧니도 초조한 듯이 방싯방싯 자주 내다본다.

일남은 웃는다. 빙긋빙긋 웃는다. 문고리 가까이 가는 적은 손이 가늘게 떨리고 양말을 벗긴다. 일남은 양말을 가슴에 안았다. 빈 양말, 허옇게 아무렇게나 꿰매어진 양말, 일남은 주저앉았다.

불그레한 햇살이 문틈으로 함초롬 젖은 일남의 두 뺨을 조심조심 엿본다.

착한 아이 찾아 산타클로스 예물 갖고 온다던 날, 파랑새 같이 날아가 버린 날, 아버지 벤또 가지고 공장으로 가는 두 다리가 어린 참새 발같이 외로워. 오늘도 앞 거리엔 채색연필들이 공중에 날고 있네.

산타클로스 할아버지가 우리 집을 지나가 버렸어.

옳아. 우리 집 굴뚝은 좁더라니 내 아버지께 여쭈어 굴뚝 아가리를 커다랗게 해 보려니.

—『조광』, 1935.12.

S와 주기도문[1]

S는 오늘도 은행에서 돌아오며 몇 번이고 주기도문을 외었다.

"시험에 들지 말게 하옵시고…… 시험에 들지 말게 하옵시고……."

그러나 집에 돌아오면 아내는 여전히 그 모양이다.

머리는 언제 빗었는지 먼지와 땀에 머리카락이 함부로 이마를 덮어 있고 또 얼굴도 그렇다. 이마 언저리에 불긋불긋한 땀띠가 여드름 같이 고름을 달고 있는가 하면 관자노리에는 허옇게 살이 피어 마른 버섯 같고 땀에 젖은 적삼 깃고대는 거멍과 머리때로 쪼글쪼글 말씀이 아닌데다가 적삼 앞섶에는 젖비린내, 검정 몸빼에서는 지린내, 그리고 밥상을 들이미는 아내의 머리에는 또 썩은 내가 코를 찌른다. 이러한 S의 취각은 신경이 몹시 고달파진 까닭도 있겠지만 아무리 줄여서 친다 해도 사실은 사실임이 틀림없었다.

"빨래 좀 해 입우."

하고 S가 짜증을 내면

"수도가 안 나오고…… 우물을 한 통 긷는 게 어떤 일인 줄이나 아슈?"

"그럼 물을 사구료."

1 발표 년도 및 연재 지면 미상으로 『김말봉의 문학과 사회』(정하은 편저)의 것을 저본으로 삼았음.

"한 지게 삼백 원씩 다섯 지게면 얼만데, 그 돈이 있으면 순철이 순호 우윳값에 보태겠어요."

"그럼 머리나 빗지."

"머리는 빗었다오."

"언제?"

"어저께 아침."

"세수는?"

"아이구 참 세수야 오늘 아침에 했지 뭐. 참 우서 죽겠네."

아내의 누렇게 태가 앉은 이빨들.

그나마 왼편 송곳니 곁에는 고춧가루가 한 점, 앞니 두 개 사이에는 파인지 열무김치쪽인지 퍼런 것이 끼어 있다.

남편은 이런 아내의 얼굴에서 눈을 돌이켰다. 결혼한 지 불과 삼 년에 청춘도 자랑도 염치도 다 팔아먹은 아내가 괘씸해서 S는

'왜 하필 저런 여자와 결혼을 했던고…….'

오늘도 마음속으로 후회하고 혀를 차는 S였다.

요 며칠 전 은행에서 여자 사무원 한 사람이 새로 들어왔다. 싹 빨아 다린 모시적삼 아래로 보드라운 물결 지우는 검은 유똥치마며 고동색 샌들을 하얀 짧은 양말에 받혀 신은 R의 신선하고 건강하고 그리고 희망에 넘치는 자태를 볼 때 그는

'저 여자는 살아 있다.'

하고 마음속으로 부르짖었다.

'아내도 결혼 당시에는 예뻤는데…….'

하고 한숨을 쉬는 것이었다.

새로 들어온 여자 사무원 R뿐이 아니었다. 거리에는 아리따운 여인이 너무도 많다. 풋병아리 같이 종종거리고 지나가는 여학생들의 모습에서 긴 치마를 끌고 핸드백을 안은 젊은 아낙네의 태도에서 그리고 머리털을 파마로 매만지고 알맞게 화장한 얼굴에 미소를 띤 성숙한 여인의 걸음걸이에서도 그는 이성의 향기와 아름다움을 발견하는 것이었다.

천하는 모두 여인이다. 어여쁜 여자뿐인데 오직 자기 아내만 추하고 게을러빠지고 그리고 그리고 늙어가는 것이다.

고민의 몇 날 몇 십 일이 지나는 동안 S의 신경은 이제 이 이상 견디어 나갈 힘이 없어지는 것이었다.

그는 버럭 소리도 지르고 왈칵 문을 처닫기도 하고 또 어떤 때는 냉수 그릇을 마당에 동댕이치고. 그럴 때마다 아내는

"치, 왜 저 꼴이야."

하고 볼이 불룩해지곤 하는 것이었다. 어느 날 오후!

"손님 오셨오."

하는 남편 뒤에 방글방글 웃고 섰는 젊은 여인을 본 S의 아내는 우선 적삼 앞깃을 여미고 그리고 새둥우리 같은 자기 머리에 손이 갔다.

"들어오십시오. 우리 집 구경하고 가십쇼."

하고 S는 여자 사무원을 안방으로 안내하였다.

"이걸로 실과 좀 사오슈."

하고 남편은 문턱으로 천 원짜리 석 장을 내놓는다.

포도를 두 송이 씻어 쟁반에 받혀 올려놓는 아내의 얼굴에는 웃음빛이 사라졌다.

한 시간 이상이나 그 포도가 다 없어질 때까지 남편과 여자 손님의 이

야기는 끝이 없었다.
손님이 돌아가며
"식모 아주머니 잘 계세요."
하고 대문으로 사라지자
"손님 바라다 주고 올게."
하고 남편도 따라 나섰다. 그날 밤 남편은 돌아오지 않았다. 밤새도록 한 잠도 못 이룬 아내의 귓가에는
"식모 아주머니 잘 계세요."
하던 여자 손님 음성이 몇 번이고 들려왔다.
"흥, 식모?"
먼동이 틀 때 아내는 빨래할 것을 가지고 산 밑 개울로 갔다. 그리고 아침을 마치자 반찬거리 살 돈을 탁 털어가지고 미장원으로 갔다. 참따랗게 파마를 말아 붙인 아내는 오래간만에 크림 통을 열고 콤팩트도 찾아냈다.
이튿날 저녁 때 사에서 돌아온 남편은 말쑥하게 차린 아내를 보고 놀랐고 그보다도 방안으로 들어선 남편은 모든 것이 달라진데 한 번 더 놀랐다. 창에 걸렸던 커튼도 세탁이 되고 벽에는 어여쁜 풍경이 그려진 그림이 몇 장이나 붙어 있고 욧잇이나 베갯잇이 새 것으로 되어 있고 더욱 두 아이가 말짱하게 목욕을 하고 옷을 갈아입고 있는 데는 감격하지 않을 수 없었다.
'아내가 깨달았구나.'
남편은 그 이튿날부터 먼 우물까지 가서 물을 두어 지게씩 메어 왔다.
"시험에 들지 말게 하옵시고……."

주기도문을 외는 S의 얼굴빛은 완전히 명랑하여졌다.

—정하은 편저, 『김말봉의 문학과 사회』, 종로서적, 1986.

8. 기사문

여학교를 찾아

기독교적 정신하에 유익한 여성을 양성

◇ 사치한다고 소문이 난 것은

◇ 오전[1]이라 하는 김 선생 말씀

정동 이화여학교

전차를 의주통에서 내려 여정동 큰 골목으로 들어섰다. 벽공에 높이 솟은 즐비한 양옥들은 이화 처녀들의 배우는 궁전이다. 길 왼편에 단층 양옥이 보인다. 여러 개의 아치형으로 된 주랑柱廊[2]이 들려 있는 고전적 색채를 띠인 아담스러운 집 그 속에서 흘러나오는 가지가색의 음률! 피아노의 높고 낮은 음파가 오르간의 길고 짧은 곡조와 화하여 완연한 심포니를 이루어 들린다. 타는 사람도 없고 뜯는 사람도 없고 뜯는 악기도 보이지 않는 곳에 오직 미묘한 선율만이 공간에 그윽하여 천래天來의 성악을 연상시킨다. 음악실이로구나. 음악으로 그 특색을 잡는 이화인데다가 또 전문부에 음악부가 있다는 말은 전부터 들었지만은 오늘 이렇게 무심히 길 걷다가 아무 꾸밈없는 미음美音에 부딪힐 때 감격을 지나친 나의 머리는 오직 경이 그것이었다. 일 분 또 일 분! 시간은 흐른

---

1 誤傳. 와전(사실과 다르게 전함).

2 콜로네이드(건축에서, 수평의 들보를 지른 줄기둥이 있는 회랑(回廊)).

다. 속세에 젖은 내 머리가 얼마큼 정화 되었을 때 저쪽 오른편 언덕 위에서 종소리가 난다. 거인 같은 벽돌집이 병아리 같은 처녀들을 흰 거품같이 뿜어 놓는다.

그 속에 간간히 섞여 있는 양장미인들은 천애만리[3]에서 이 나라 여자를 위하여 자기네의 모든 것을 받치러 온 그들인가 보다. 곱게 다듬은 화강석 층계를 밟고 현관을 들어섰다. 기름 걸레로 정하게 닦은 복도를 통하여 두서너 방을 지나니 학감실이다. 문을 두드리니 나오시는 주인 그가 김활란 씨다.

미국서 대학 학위를 얻고 돌아와서는 일천만 여성 중에 한 사람으로 국제 모 회의 태평양 모 회의에 참가하여 반도 여자의 기염을 통하여 득의得意의 절정에 있는 김활란 씨다. 담황색 원피스에 검은 넥타이를 매고 시원스럽게 잘라버린 머리는 뽀얀 이마를 덮었다.

기자의 내의를 듣고 곧 각 교실로 안내하였다. 오직 이 학교에서만 볼 수 있고 또 기대할 수 있는 연하고 밝은 빛이 학생이나 선생님들의 걸음걸이에서나 옷매무새에서 넘쳐흘렀다. 도어가 달린 수많은 방을 열고 또 닫으면 전문부 가정과요 이 방은 도서실, 이 방은 할팽실,[4] 이 방은 기숙사 식당, 저것은 전문부 교원실, 저편은 보육학교, 여기는 응접실, 그것은 고등보통학교 활동사진 필름처럼 지나가는 여러 방을 기억하랴 유창한 김 선생님의 설명에 조자調子[5]를 맞춰 대답하랴 기자는

---

3 天涯万里. 아주 먼 곳.
4 조리실.
5 가락.

매우 바쁘게 생각하였다. 김 선생님은 교문 저편에 있는 음악실로 안내하신다. 아까 그곳이다. 나는 새로운 감격에 쌓여 조용조용히 문을 들어섰다. 제비 같이 나는 손이 피아노 건반에 부딪힐 때 옥을 부수는 듯 비단을 찢는 듯 오르간 위에 옥수玉手는 조으는 듯 쉬는 듯! 호수가 흐르는 듯이 고요하며 제비가 나는 듯이 우아하다. 조금 전까지 나를 지배하던 모든 바쁨과 초조는 여기에서 자취도 없이 스러졌다. 이렇게 쭉 한 바퀴를 돌아 다시 학감실로 돌아왔다.

기자가 묻는 말에 "이 학교가 서기는 사십삼 년 전 '스크랜튼'이라는 선교사 부인의 손으로 된 것인데 그 당시에는 학생이 사오 인밖에는 안 되었다 합니다. 그 후 얼마를 지나서 '푸라이'라는 선교사 부인이 확장시킨 것입니다. 우리 학교는 기독교적 정신을 가지고 가르칩니다. 물론 죽어서 천당에 가라고만 가르치는 것은 아니올시다. 기독의 정신을 가지란 것입니다. 그리하여 사회로 가든지 가정으로 가든지 유위[6]한 일원이 되라는 것입니다. 각 사람은 다 각기 개성과 천재가 다릅니다. 그러니까 한 사람으로써의 교육을 받고 나면 그가 사회로 가든지 가정으로 가든지 그 장기대로 할 것이오 결코 이렇게 이렇게 하여라고 기계적으로 가르치지는 않습니다. 다만 어디를 가든지 기독의 정신인 것만 가지고 간다면 그는 참말로 유익한 사람이 될 줄로 믿습니다. 우리는 또 그렇게 가르칩니다." 다 시원스럽게 말씀하시는 김 선생님은 기자의 두 번째 질문에 "우리 학교 학생이 사치하구요 결코 그렇지 않습니다. 다만 꼭 같은 가음과 꼭 같은 물건을 가지고 어디까지 자기에게 합당한지

6 有爲. 능력이 있어 쓸모가 있음.

그것을 선택할 줄 알고 또 몸에 잘 맞도록 만들어 입을 줄을 아는 것뿐입니다. 다른 학교 학생들 보다 더 값비싼 물건을 쓰는 것은 결단코 아닙니다". 김 선생님은 이와 같이 설명하신다.

"지금은 육백이나 되는 생도들을 가지고 전문부, 고등보통학교, 보육과, 보통학교 이렇게 가르치기에는 지금에 있는 건물만으로는 좁습니다. 그래서 학교에서는 최근에 전문부만은 다른 데로 옮길 생각을 가지고 있습니다." 밝고도 아담한 김 선생님과의 대화도 이로써 끝났다. 나는 가을풀이 그윽한 넓은 뜰을 걸어 나오면서 피차의 왕양汪洋한 전도를 축복하였다.(사진설명 이화여학교생도의 체조 수업 광경)

—『중외일보』, 1929.9.11.

여학교를 찾아

허다한 파란을 겪고 금일의 대기大器에 성취成就

◇ 운명적으로 태어난 조선인

◇ 조선적 여성 양성이 본의다

관훈동 동덕여교

안국동 네거리에서 사동으로 가는 큰길을 들어 오른편으로 꼬부라진 골목을 들어서니 석회로 다진 평면 벽에 동덕여자고등보통학교라는 간판이 붙어 있다. 문을 들어서자 곧 교원실이 눈에 띈다. 기자의 내의를 품고 교장실로 안내를 한다. 연초록 천으로 덮은 책상을 앞에 놓은 조동식 교장 선생님은 교무에 자못 바쁘신 모양이다. 기자가 들어가자 선생님은 반가이 맞으시며 다음과 같이 말씀하신다.

"지금으로부터 스물한 해 전 융희 이 년(명치 사십일 년)에 고리재극 씨 고 김인화 양 씨외의 수인의 발기로 창립된 것입니다. 처음에는 김인화 씨 사저私邸에서 조그마한 강습소 형식으로 했었습니다. 그해 가을에 사립여학교로 되어 이래 이십일 년간을 지내오면서 가진 신고와 고초를 거듭하여 왔습니다. 극도로 경제곤란에 빠진 동덕은 당시 유지자의 일 원이나 오십 전의 동정금으로 겨우 백묵과 칠판을 사 썼습니다. 겨울이면 화덕도 없는 방에서 도토리 같은 어린 생도들이 보들보들 떨고 있던 때도 있었고 여름이면 천정에서 떨어지는 빗방울에 몇 번이나 책들을 적시었는지요. 그 뒤에 손병희 씨가 일본서 나왔습니다. 우리의 어려운 처지를 보고 자기의 사재에서 매월 십 원씩을 내어 놓습디다. 그때 우리에게는 그 돈이 사막에 오아시스나 다름이 없었습니다. 그러나 소위 학교라는 체면을 유지하려면 어떻게 십 원쯤의 돈으로 되겠습니까."

이때에 창밖으로 굴러들어 오는 소녀들의 아무 걱정 없는 환성歡聲이 적이 교장 선생님의 어성語聲을 압도한다. 교장 선생님은 잠깐 말씀을 그치고 친히 유리창을 닫으신 후 옛날을 추억하는 깊은 느낌에 선생님의 온안溫顔은 적이 침울하여 보였다.

"그 뒤 명치 사십삼 년에 천도교에서 서른두 간짜리 집과 매월 칠십 원씩을 지출하여 주었습니다. 그때로부터 동덕은 가위 앞길에 서광이 비치었다 할 수 있습니다. 그해 시월 비로소 첫 졸업생이 났는데 피와 눈물의 수확인 아홉 사람이었습니다. 그때에부터 고등과를 아울러 두게 되었는데 즉 지금 이 학교가 승격하기 전까지의 그것이었습니다. 그 뒤 천도교회에서 전부를 맡아 경영하였습니다. 오래 동안 졸려내려 오던 가슴이 안심의 튼 숨을 내쉰 지도 얼마 못 되어 기미년 삼일운동과 함께 또 다시 곤란에 빠졌습니다. 진퇴양난에 이른 동덕의 운명은 다시금 방황하게 되었을 때 오백의 생도를 거느린 십오 인의 직원은 비록 적수공권赤手空拳[1]이나마 죽기까지 이 학교를 유지해 보겠다는 실로 비장한 맹세를 하였습니다."

---

1 맨손과 맨주먹이라는 뜻으로 아무 것도 가진 것이 없음을 뜻함.

선생님의 침통한 음성은 거의 떨리는 듯하다. 그때의 현상이 눈앞에 보이는 듯하여 기자도 자연히 머리가 수그려졌다. 교정도 어느덧 놀던 생도들이 다 들어간 듯이 텅 비인 뜰 위에 가을빛만이 쨍쨍하다.

교장 선생님 뒤에 걸린 동문수학同門修學이란 액자가 갖은 수난을 거듭하여 오늘이 있는 동덕의 정신을 말하는 듯하였다. 몇 번이나 파멸의 홍수를 만난 이 학교로서는 과연 동문수학이라는 이 글자가 얼마나 그때의 생도나 선생님들에게 애착과 결심을 주었던고.

"그 뒤 여러 가지로 참담한 곤경을 지나온 후 여자고등보통학교가 되었는데 현교주 리석구 씨가 이것을 재단법인으로 만들었습니다. 지금은 안심입니다. 앞으로는 교사를 신축하려고 경영 중인데 기지基地도 선정이 되었습니다. 네— 우리 학교 정신 말입니까. 우리는 죽었다 깨나도 서양 사람이나 그 외에 다른 나라 사람은 될 수 없지 않아요? 운명적으로 태어난 조선 사람입니다. 조선 사람인 이상 조선 사회에 맞는 새로운 여성을 양성하는 것이올시다."

기자는 선생님의 뒤를 따라 각 교실을 참관하러 일어섰다. 공든 탑 믿던 절이라는 것이 이런 것인가 하였다. 각 교실마다 가득이 앉아서 배우고 가르치기에 여염이 없는 그들을 볼 때 일종의 성스러운 전당을 대하는 듯이 기자의 정신은 경건하여졌다. 보통부와 여자고등보통학교를 겸한 교사는 가족적 화락한 빛이 넘쳐 있었다. 기자는 마음에서 우러나는 경례를 동덕학교와 그 교장과 그 선생들에게 드리고 돌아왔다.(사진은 동덕여학교 교사)

—『중외일보』, 1929.9.13.

여학교를 찾아

그 개성을 존중하야 다방면의 재질 양성

◇활팽 실험실과 리화 실험실은

◇다른 학교에 비하여 손색없다

연지동 정신여교

연지동은 그윽한 수림 속에 반증만 그 자태를 내어 보이는 붉은 집! 한때는 수녀원이라고까지 이름이 났던 정신여학교이다. 종로 오정목에서 전차를 내리어 연지동 골목으로 들어섰다. 전의 위치와는 얼마큼 달라졌으나 내게는 언제 보아도 반갑고 항상 불러도 정다운 정신여학교! 그 간판이 눈에 보인다. 벌써 십여 년 전 옛날이다. 시골서 먼저 입학한 다른 언니들을 쫓아 서투른 이 문을 들어 설제 희망과 초조에 쌓인 내 조그마한 가슴은 얼마나 뛰었던고. 그 뒤 사 년이란 길고도 짧은 세월을 보낸 후 붉은 리본을 허리에 동인 졸업장을 쥐어주시면서 교장님 이하 모든 선생님의 침이 없도록 당부하시던 말씀 “사회에 나가거든 조심하여라. 일하여라. 성공하여라” 어제 들은 말과 같이 새롭다. 그러나 십수 년이 지난 오늘 과연 나는 무엇을 성공하였나. 스스로를 비웃는 선웃음이 입술을 비틀 때에 어느덧 내 발이 교정에 당도하였다. 수많은 가을꽃들이 추풍에 덧없이 향기를 말리고 있는데 우거진 녹음 밑에 낙엽이 한 잎 또 한 잎 우리가 오랑캐꽃 꺾던 그 언덕은 어디로 가고 낯선 소녀들의 공채 소리만 요란하며 언니들과 클로버 네 잎사귀 찾던 그 풀밭은 모던 처녀들의 바스켓볼 터로 짓밟히고 있는데 오직 수많은 알들을 부화하는 늙은 암탉 같은 옛 교사만이 눈에 익다. 예전 그 예전 머리 땋아 늘이고 껑충껑충 뛰어다니던 그 시절에 오늘 이렇게 내 몸이 초인종 누르고 명함 드리는 아주 첨보는 손님 행세를 할 줄은 꿈엔들 생각하였으랴 오오 꿈엔들.

교원실에 들어갔다. 제일 반가이 맞아 주시는 한문 선생님! 김원근 선생님이시다. 급우들이여 그대들도 아직 기억하고 있으리라. 한문 시간에 하도 우리가 떠들으니까 달래다 달래다 못한 선생님이 나중에 "그러면 내 성 내겠소" 하시고 우리들을 더욱 신이 나게 하시던 그 선생님이시다. 흐르는 세월에 선생님도 어느덧 백발이 성성하시다. 교장실에 계신 '미스 루이스' 교장 선생이 나의 내의를 듣고 그 유창한 조선말로 반갑다는 말과 찾아와서 고맙다는 말을 하신다. 우리가 모교에 있을 때는 스물넷이라는 젊고도 고운 교장이시더니 이제는 마흔 고개를 쳐다보게 되었다. 청춘의 황금 시절을 오로지 우리들을 기르고 가르치기에 아낌없이 다 바친 교장 선생님!

당신은 왜 우리들을 위하여 그렇게 하지 아니하면 안 될 무엇이 있습니까. 교장 선생은 나를 다시 교원실로 데리고 갔다. 양복 입은 젊은 선생님 얼굴 흰 여선생님들께 "제십회 졸업생 아무개요"라고 소개하신다. "오 그러냐고." 모두들 반가운 미소를 던져 줄 때 나는 비로소 모교라는 것은 고마운 것이라고 생각하였다.

교장님과 김형칠 선생님은 나를 각 교실마다 안내하신다. 할팽실割烹室과 화학실험실이 훌륭하게 완비되어 있다. 다른 아무 학교에 비해도 이것만은 손색이 없으리라 생각되었다. 그리고 교육 정신에 대하여 나의 묻는 말에 교장 선생님은 "글쎄 이전보다 다른 정신으로 하는 것은 없어요. 언제든지 그런 것이지" 하신다. 그러면 "기독의 정신을 가지고 사회와 가정에 유익한 인물을 양성하는 그것이지요" 하니까 "물론이지" 하신다.

승격昇格[1]은 어떻게 됩니까 하고 교장님 얼굴을 쳐다보기가 미안하여 고개를 숙여버렸다. 그것은 그 승격 문제로 요 몇 해 동안을 두고 가지각색으로 고초와 곤란을 당하고 계시는 선생님이신 줄 번연히 알면서 이렇게 직업적으로 무심하게 물어본 것이 부끄러웠던 것이다. "승격은 지금 각 방면으로 운동 중이니까 쉬 될 줄 압니다."

어느덧 교장님의 태도가 긴장하여졌다. 기자는 얼른 자리를 일어섰다. 교장님이 "사무 외에 또 놀러오라"고 하신다. 하학이 되어 둘씩 셋씩 집으로 돌아가는 그들 틈에 나도 한데 섞이어 못 돌아올 그 시절을 생각하면서 교문을 나올 때 어느덧 내 두 뺨은 눈물에 젖어 있었다.

—『중외일보』, 1929.9.14.

1 지위나 등급 따위가 오름. 또는 지위나 등급 따위를 올림.

여학교를 찾아

여성의 경제 지식을 가리킴이 본래 목적

◇ 한 가정의 경제 상태는
◇ 모든 사회와 민족에 미친다

견지동 여자상업

문명의 발달이라 할는지 사회가 진보된 까닭이라 할는지 어쨌든 여자라도 팔을 걷고 나서서 자기의 먹을 빵을 구하지 아니하면 아니 되는 세상이 되었다. 옛날이면 여자라는 것은 어려서는 아버지가 길러주고 시집가면 남편이 먹여주고 늙어지면 아들이 살려 주었다. 그리하여 먹는 것으로써 모든 자존심과 한 사람으로서의 권리까지도 바꾸어 버렸다. 물론 먹는 것으로 전부를 평하기에는 너무 독단이라 할는지 모르나 어떻든지 인류의 모든 역사는 먹는 것 즉 경제라는 것의 지배를 받지 아니한 것은 하나도 없다고 학자들은 말한다. 그래서 여자가 이 세상을 살아 나아가는데 사람다운 체면과 자존심을 찾으려면 경제로써 해결할 것이라고 말한다. 그런데 이러한 학설을 가지고 말하려면 시간도 없거니와 지면도 이를 허락지 않는다. 조선 여자로서 자립의 정신을 가지고 살아갈 수 있도록 가르치는 오직 하나의 학교를 가보자. 청석골 언덕 위에 높다란 건물 그것이 여자상업학교다. 흰 모래 깔린 정결스런 교정을 들어서니 하늘에 닿을 듯한 포플러가 둘 셋 추색秋色에 잠기어 조는 듯이 서 있다. 교장실로 안내를 받은 기자는 곧 리현규 교장 선생님과 대좌하여 다음과 같은 말을 들었다.

"우리 학교는 대정 십사 년에 창설되어 시천교侍天敎[1]에서 맡아 경영하여 갑니다. 여자로서 경제적 의식을 가지게 하는 것이 우리 학교의 근본정신이올시다. 취직 말씀입니까. 그것도 물론 생각합니다만은 그보다도 한 집안 살림이 파산하려면 그 집안 경제의 수지가 안 맞는 것이요 수지가 안 맞는 집이 여럿이면 그 사회는 또한 그 나라는 망하고 마는 법입니다. 제아무리 떠들고 뽐내더라도 먹지 않고서 사는 법은 없으니까요. 무항산이면 무항심[2]이란 말도 있지 않아요. 집이 간난하면 어진 아내를 찾게 된다고도 하지요. 실로 한 집의 주부가 경제적 머리가 있고 없는 것은 그 사회 전반에 그만한 영향이 있으니까요. 우리 학교 생도들이 졸업을 한 뒤에 취직을 하는 것도 좋지마는 취직보다도 한 주부로서 확실한 경제적 의식을 가지고 파멸되어 가는 우리 사회를 얼마간이라도 붙들어야 되겠다는 그것입니다."

종소리와 함께 각 교실에서는 수업을 계속하는 듯 은방울 같은 소녀들의 고운 음성이 교실의 창마다 흘러나온다.

기자를 안내하시러 일어서는 교장님의 뒤를 따라 먼저 부기[3]를 학습하는 이년급 교실로 들어갔다. 대리석 같은 희고도 미끄러운 넓은 종이 위에 타는 듯이 붉은 선이 구르면서 새파란 적은 글씨가 반딧불처럼 나

---

1 이용구(李容九)가 손병희(孫秉熙)의 천도교 계열에서 이탈하여 창립한 동학의 한 종파.

2 無恒産無恒心. 항산이 없으면 항심이 없다는 말로, 생활이 안정되지 않으면 바른 마음을 견지하기 어렵다는 뜻.

3 簿記. 자산, 자본, 부채의 수지·증감 따위를 밝히는 기장법(記帳法).

르고 있다. 이따금씩 선생님의 가르치는 음성에 그들의 긴장된 눈들이 일시에 흑판을 쏜다. 마치 그림을 안은 화사畫師[4]들 같이. 다음에는 삼년급의 주산 시간이다.

선생도 생도도 긴장과 민속敏速[5] 그것의 화물化物이다. 화살처럼 내리솟는 선생의 소리에 맞쳐 산판算板[6] 위에 나는 손은 바쁘다는 것보다도 의미 없는 장난 같다. 그들의 부르는 몇 만 몇 억의 숫자에 기자는 놀랄 사이도 없이 또다시 참새 떼의 우지짓는 소리 같이 그들의 수알들이 구르고 있었다. "그동안 졸업생은 모두 구십삼 명인데 삼분의 이는 대개 은행, 회사, 관청, 상점, 철도국 같은 데로 취직이 되었습니다. 오라고 하는 데는 많지만은 아무데나 막 보낼 수는 없으니까요. 취직 아니한 이는 대개 결혼을 하는데 보통 다른 여학생보다 우리 학생들은 경제적 머리가 있다고 구식 가정에서도 환영합니다. 구십삼 명의 졸업생으로 은행과 금융조합에 열, 회사에 열다섯, 상점에 열둘, 관청과 공동단체에 열하나, 상급 학교에 일곱, 가정에 서른둘, 자영自營에 여섯입니다. 모두 성적이 좋고 따라서 평판도 좋습니다."

기자는 전도 많은 학교를 위하여 내심으로 빌면서 돌아왔다.(사진은 동교사 전경)

—『중외일보』, 1929.9.15.

4 화공(畫工).
5 행동이나 일의 처리 따위가 날쌔고 빠르다는 뜻.
6 수판(셈을 놓는 데 쓰는 기구의 하나).

여학교를 찾아

구한국정부 창설로 금일에 급한 공립교

◇ 덕지체 삼육을 한결같이

◇ 함양한다 하시는 교장 말씀

제동 여자고보교

안국동 네거리에서 제동 골목을 들어서면 오른편으로 보이는 엄연한 건물은 세력 좋고 이름 높은 경성여자고등보통학교다. 하얀 돌층계를 밟고 현관을 들어섰다. 약간 그늘진 낭하廊下에는 사람의 그림자 하나 없고 왼편으로 수부受付라고 쓴 유리창이 졸린 사람의 눈동자 같이 희미하게 번쩍인다. 어떻다고 말할 수 없으나 일종 관청 같은 엄숙한 기분이 나의 신경을 압박하는 듯하였다. 교수 중인 손 선생님을 기다리기에 지루하고 초조한 시간이 충분히 반 시간은 지났으리라. 쿵쿵거리는 발자취 소리가 저 멀리 안으로 들린다. 검은 스커트에 흰 상의를 입은 꽃순 같은 소녀들이 낯선 손客을 보고 일순간 주저한 뒤 소녀다운 미소가 화변 같은 입술로 흘러나왔다. 고성 안에 길러진 전설의 처녀들처럼 그들의 발자취도 고요하고 이야기 하는 말소리마저 은근하다. 이 방 저 방에서 젊음의 뭉치가 봄 안개처럼 피어나올 때 저편 층층대로 낯익은 손 선생님이 나타나신다. 언제 보아도 점잖고 맏형님 같은 그 어른은

덕스러운 웃음을 기자에게 던지시며 교원실로 안내하신다.

책상을 앞에 두신 남녀 선생님이 드문드문 앉아 계시는 넓은 방에는 햇발이 그윽하였다. 기자의 내의를 듣고 손 선생님은 겸손스럽게 다음과 같이 말씀하신다. "한 학교를 대표해서 말을 하려면 아무래도 그 학교 어른 즉 교장 되는 이가 가장 적당할 줄 압니다. 잠깐만 기다리시지요" 하고 교장 선생께로 가셨다. "지금 막 손님이 오신 모양인데 미안하지만 잠깐만 기다리서요" 하신다. 우리는 이것저것 이야기 하는 동안 손 선생님은 기자의 초조를 짐작하셨는지 두 번이나 일어나서 가보신다. 네 번째 갔다 오셔서 기자를 데리고 교장실로 가셨다. 푸른 천을 덮은 둥그런 테이블을 둘러 '갸리고'로 정하게 싼 네 개의 안락의자가 적당한 자리에 놓여 있었다. 고본천웅 교장 선생님은 다음과 같이 말씀하신다.

"이 학교는 한국 융희 이 년에 정부에서 세운 것입니다. 그 뒤에 일한합병이 된 후부터 총독부 직할로 되었는데 대정 십사 년에 경기도립으로 되었으나 경비는 역시 총독부에서 담당하여 갑니다. 학교의 특색이라고 할 것은 없습니다. 지육이나 덕육이나 체육의 어느 편이든지 다 같이 충실하게 하여나가는 것이 목적입니다. 운동이라든가 음악이라든가 기타 무엇 무엇에 특색 운운하는 것은 결국 다를 것은 잘하여도 그것만은 부족하니까 그 점에 대하여 특히 힘쓴다는 것이 되니까요. 나는 우리 학교의 생도들은 상식이 많고 품위가 높은 한 사람의 여자가 된 후에 남의 아내가 되면 양처로 또한 어머니가 되면 현모로 실사회에 반분으로서 충실한 일원이 되게 하는 것입니다."

기자의 질문에 "내가 조선 나온 것은 십 년 전입니다. 조선 학생의 진보하는 힘은 참말로 놀랄 만한 일이요. 그런데 일본인 여학생과 비교하여 말하리까. 조선 여학생은 어른이 무엇을 물을 때라든지 더욱이 남자와 대화할 때에 그렇게 아니해도 좋을 곳에 공연히 어물어물 하는 것입니다. 일본 여학생은 많은 사람 앞에서는 매우 부끄러워서 잘 못합니다만은 개인과 말할 때에는 정말 기분이 좋습니다. 조선인 학생은 공중公衆 앞에 연설 같은 것은 참말로 놀랄 만하지요. 그러나 그것을 여자다운 점으로 보아 어디까지 칭찬해야 좋을지 나는 모르겠습니다." 기자는 손 선생님을 따라 각 교실을 참관하였다. 도화실에 수도가 설비된 것은 오직 이 학교뿐이리라. 체조실의 설비는 정말 진선진미盡善盡美[1]다. "비오는 날은 일본 여학생들이 이 체조장을 빌려 쓰는 때도 있습니다."고 손 선생님이 말씀하신다. 화양을 겸한 작법실의 우미실 할의 완비는 정부영인이 만큼 보두가 놀랄 만치 훌륭하다. 어느 대학교를 참관한 듯이 그득하여진 내 머리는 그 안에서 자라나는 수많은 처녀들을 그리면서 돌아왔다.(사진 교사 전경)

—『중외일보』, 1929.9.18.

1 착함과 아름다움을 다한다는 뜻으로, 완전무결(完全無缺)함을 이르는 말.

여학교를 찾아

가정을 선미화善美化함이 사회봉사로도 큰 것

◇가정도 한 사람 이상이 모인

◇한 적은 사회임을 가리킨다

필운동 배화여고

인왕산을 등지고 필운대 옛터 위에 높이 서서 장안 천지를 내려 보는 화려하고 숭고한 집은 이름과 같이 수많은 꽃들을 길러내는 배화여자 고등보통학교이다. 교문을 들어서니 옥가루를 뿌린 듯한 희고도 정한 교정에는 무심한 소녀들이 팔월 달 햇발을 한아름씩 안고 볼처럼 달리고 있는데 전성全盛을 자랑하고 있는 국화 떼가 백옥 같은 층층대를 휩싸고 무지개 같은 향기를 뿜고 있다. 안내하시는 김경자 선생님을 따라서 응접실로 들어간 우리는 얼마나 바쁘냐고 그것이 서로의 첫인사이었다. 기자 내의를 아시는 김 선생님 "교장 선생님이 나오실 것입니다. 잠깐만" 하고 부드러운 미소를 남기고 나가신다. 조금 후에 현재 교장으로 있는 '뿌이' 교장이 일시 귀국한 후 대리로 교장일을 맡아 보시는 리만기 선생님이 들어오셨다. 기자의 온 뜻을 아시고 다음과 같이 말씀하신다.

"남감리교회에서 맡아 경영하는 것인데 대정 십사 년에 여자고등보통학교로 되었습니다. 그래서 이따금씩 새로 설시된 듯한 느낌이 많습니다. 학교 설비만은 사립학교로서는 우리 학교를 제일로 잡습니다. 모든 설비 중에 미흡하다 할 것은 대강당이 없는 것과 우천 체조실이 아직 못된 것입니다. 그러나 이것도 기지까지 선정이 되었으니까 '뿌이' 교장이 돌아오는 대로 곧 건축에 착수할 것입니다." 리 선생님의 뒤를 따라 기자는 각 교실을 참관하였다.

학급의 이름은 모두 꽃 이름으로 배화라는 것을 실증하고 있다. 할팽실과 박물표본실은 중등여학교로는 흠잡을 곳이 없이 그 선을 다하였다. "요리 시간은 네 시간인데 조선 요리가 세 시간이고 남은 한 시간은 외국 요리 시간으로 정하였습니다" 하신다. 화학실로 들어오니 책상마다 수도가 장치되어 있고 유리관과 약병들이 마치 의사의 치료실 같이 구비되어 있다. 더욱 그 옆에는 암실까지 설비되어 있었다.

그 다음으로 아주 조용하고 참한 방이 하나 있는데 보기에도 폭신폭신한 침대 위에 정한 홑이불로 덮여 있다. "통학생 중에 갑자기 아픈 이가 있으면 이 방에서 긴급치료를 받게 합니다"고 리 선생님이 설명하신다. 발고 그 다음 방에는 교의의 진찰실이라는데 모든 학생에게 실비로 약을 제공한다고 한다. 운동기구를 넣어 둔 방에는 이름도 모를 가지각색의 기계들이 전사의 무기 같이 빛나고 있었다. 통학생 식당에서는 마침 점심시간이라 모이를 뜯는 금붕어들처럼 어여쁜 입술들이 팔월 한가위 별미를 씹고 있다.

리 선생님과 함께 기자는 맨 위층으로 올라갔다. 임시로 강당 겸 기도실로 쓴다는 방에는 삼백 명이 앉는 교의가 나란히 놓인 저편으로 피아노를 치던 처녀 한 분이 수줍은 듯이 소리를 그친다. 동남으로 뚫린 창으로는 대경성의 전경이 일모一眸[1]에 요연[2]하여 상쾌한 기분이 가슴에 가득하였다. 서북으로 향한 창 아래는 이 학교 운동장이 다 사면을 철망으로 높이 싼 미끄러워 보이는 테니스코트에서는 운동 캡을 쓴 소녀들의 가벼운 공채 소리가 인왕산의 반향反響[3]을 가을 하늘에 울리고 있었다. "우리 학교에서는 최근 삼사 년간 운동경기 대회에 내보내지 않습니다. 그 까닭은요? 만약에 이기고 돌아오면 좋지만은 지고 온다면 학생들의 정신상 손실이 클 뿐 아니라 출장하는 선수들은 그 연습 때문에 공부에 방해가 많고 또 학생 전반에게 운동 연습할 시간이 줄어지는 등 폐해가 많기 때문이올시다. 그 대신 매일 하학한 후 삼십 분씩 전교 학생들에게 각종 경기를 연습시키는데 그 성적은 매우 좋습니다"라고 말씀하신다.

다시 층층대를 내려와서 훈육실이라는 방으로 들어갔다. 한가운데 테이블이 놓인 극히 조용하고 정결스러운 방이다. "종래에는 학생을 불러 혹 책망[4]을 할 때는 교원실에서 하게 되니까 여러 교원 앞에서 말을 듣는 학생은 여간한 고통이 아닐 것입니다. 그러한 것은 훈육상 퍽 재미없는 결과가 생기기가 쉽습니다. 그래서 우리 학교에서는 여러 선생님들이 연구한 결과 이러한 방을 따로 두고 어느 선생이든지 학생을 불러 할 말이 있으면 이 방에서 하기로 되었습니다. 과히 잘못한 일이면 담임교사에게 말하여 조행록[5]에 올리게 하나 다른 교원에게는 비밀입

1 한눈에 바라봄.
2 瞭然. 분명하고 명백하다의 뜻.
3 소리가 어떤 장애물에 부딪쳐서 반사하여 다시 들리는 현상.
4 잘못을 꾸짖거나 나무라며 못마땅하게 여김.

니다. 기자는 이 방을 보고 이 학교에서 얼마나 생도를 아끼는 것을 짐작하였다.

"종래에 교육가는 졸업하는 여학생에게 사회에 나가거든 일하여라 하였고 또 학생 자신도 여학교쯤 졸업하고 나면 반드시 무슨 사회적으로 활동을 하여야만 공부한 보람이 있는 것으로 생각하였습니다. 그러나 사회에 나가서 일을 한다니 무슨 일을 어떻게 하려느냐 하고 물으면 거기에 구체적으로 대답하는 이는 하나도 없습니다. 우리 학교에서는 그 몽롱한 사회사업이란 것을 가정으로 가거라 가정은 한 사람 이상이 모인 곳이니까 한 적은 사회니라. 가정을 선화미화하는 것이 가장 큰 사회봉사니라고 가르칩니다."

리 선생님의 이러한 설명을 듣고 교문을 나오니 밖에는 추석빔을 한 어린이들이 엄마와 누나의 손을 잡고 오락가락하고 있다.(사진은 기계체조 배우는 동교생도)

—『중외일보』, 1929.9.19.

---

5 태도와 행실에 대해 적은 기록.

여학교를 찾아

인간은 신의 자손 대애大愛의 정신을 함양

◇사치와 부박[1]을 배척하고

◇근로와 숙덕[2]을 함양한다

수송동 숙명여고

이조말년의 번거로운 모든 역사를 지어낸 당시에 권문대가들의 거주지였던 수송동에다 그 요람을 두고 이십여 년의 긴 세월에 곱게 곱게 자라나는 숙명여자고등보통학교로 갔다. 때마침 추우秋雨가 비비霏霏[3]하여 감루感淚[4]에 어린 미인처럼 한양의 하늘이 울고 있었다. 비에 젖어서 거울 같이 빛나는 부석敷石[5]을 밟고 현관을 들어서니 오래간만에 뵙는 김영환 선생님과 마주쳤다. 김현실 선생님 말씀이 "교장님은 무슨 특별한 집회 때나 오시니까 오늘은 아니 계십니다. 교무주임 선생님과 말씀을 하시지요." 야촌성지조 선생님과 마주 앉은 기자는 다음과 같이 말을 들었다. "이 학교가 서기는 명치 삼십구 년인데 첨에는 귀족의 따님들을 가르치는 것이 목적이었더랍니다. 첨에 응모자의 수는 불과 오인

1 천박하고 경솔하다의 뜻.
2 淑德. 1. 착하고 아름다운 덕행. 2. 여성의 정숙하고 단아한 덕행.
3 오락가락하다의 뜻.
4 매우 감격하여 흘리는 눈물.
5 깐돌(집터 또는 무덤의 바닥이나 둘레에 한두 겹 얇게 깐 돌).

으로써 학교에 올 때는 모두가 말 타고 하인 앞에 세우고 그야말로 지금으로서는 퍽 진기한 생도들이었더랍니다. 그 담해부터 오십 명이 되고 차차 방식을 변하여 평민적으로 되어서 오늘까지 이른 것입니다. 최초에 교장이요? 역시 현재 교장인 리정숙 여사입니다. 지금은 칠순이 넘었습니다."

당시에 같이 일을 하신 이는 연택능혜 여사인데 역시 현재 학감으로 계십니다. 그도 벌써 팔십이 되었습니다. 창밖으로 보이는 테니스 코트에는 가을 비 만이 그칠 줄 모르는데 기자는 교실을 참관하고자 일어섰다. 넓고 깨끗한 방에 사면으로 뚫린 유리로 앞을 막은 책장 속에는 내외 서적으로 가득 찼다. 정숙이라고 써 붙인 벽서가 한층 더 그윽한 기분을 주었다. 층층대를 밟고 이층으로 올라가 야촌 선생님의 보이시는 한 방 맞은 벽에는 일륜명월이 벽해碧海[6]에 솟았는데 강변에 송림 아래에는 한 쌍의 학 두루미가 졸고 있다. 그 옆에는 한 떨기 등꽃[7]이 무르녹은 향취를 쏟고 있는데 조안의 청초한 송이송이가 이슬에 젖어 있다. 그림이라면 너무도 입체적이고 실물이라면 환상일 것이다.

야촌 선생님은 웃으시며 "생도들의 자수 작품이어요"하신다. 우천인고로 밖에 나가지 않고 온 생도들이 포도송이들처럼 복도의 군데군데 모여 있었다. 화학실험실에는 수도와 가스가 장치되어 있고 할팽실 한편에는 생도들의 식탁이 주욱 놓여 있었다. 응접실로 돌아온 후 야촌 선생은 말씀을 계속한다.

"우리 학교 정신을 말하면 생사들로 하여금 도람은 하나님의 자식이

6 짙푸른 바다.
7 등나무에 피는 꽃.

라는 것을 기억하게 합니다. 그리하여 대애의 정신에서 살게 합니다. 사치와 부박을 배척하고 근로와 숙덕을 함양 시킵니다. 경비로 말하면 일 년에 오만 원이나 쓰는 학교는 아마 여학교로는 우리 학교뿐일 것입니다. 완전한 설비 아래에서 충분한 실험을 시키려면 아무래도 그만큼은 듭니다. 그래서 종래의 이 원이든 월사금을 금년부터 삼 원으로 하였는데 생도 자신이 그만한 것은 넉넉히 도로 찾아가는 셈이 됩니다. 그 대신 학력이 우수한 자로 수업료를 감당할 힘이 없으면 학교에서 담당하여 갑니다. 운동선수를 출장시키는 것 말입니까? 네! 우리는 성적이 나쁜 학생은 운동에 여간 취미를 가져도 선수를 만들지는 않습니다. 현재 바스켓볼 선수 서경남은 성적 석차로 이호입니다. 그 외에 우리 선수는 다 학력이 우수한 사람입니다. 생도 전체의 운동 연습은요? 네! 물론 전체에게 유감없이 가르칩니다. 그리고 선수만은 따로 맹연습을 시킵니다."

교문을 나오니 바깥은 어느덧 씻은 듯 개어 있었다.(사진은 동교생도의 조회 체조 광경)

—『중외일보』, 1929.9.20.

여학교를 찾아

자모慈母와 애아愛兒[1]가 함께 동문수학하는 기관奇觀[2]

◇학교에 대한 말씀 하시는

◇김미리사 여사 거룩한 눈물

안국동 근화여고

개복수술을 하지 아니하면 안 되리만큼 위중하여진 김미리사 여사를 찾아 의전병원으로 갔다. 석조가 불그레 물든 유리창 너머로 추국을 가득 실은 화병 아래에 외로운 침대! 그 위에 누워 있는 동 여사는 기자의 내방을 몹시도 반가워하였다. "내가 이렇게 와서 있으면 우리 선생들이 다 맡아서 잘 해갈 줄 알지만은 그래도 십 년을 하루도 그것들을 떠나본 적이 없는 나는 이렇게 와 있으니 잠들기 전에는 내 눈 앞에 보이는 것은 오직 근화학교! 그것뿐입니다. 내가 죽더라도 학교에 대한 나의 생각이 조금이라도 잊혀야만 눈을 감을 것입니다. 바로 말하면 내가 삼십 년간 믿어온 예수님보다 학교를 더 사랑하게 되었습니다. 나는 자식이나 남편의 사랑을 모르고 늙어진 몸으로 오직 나의 온 생명은 내 근화올시다."

1 사랑하는 어린 자식.
2 보기 드문 기이한 광경.

두 줄기 눈물이 여사의 핼쑥한 뺨 위에 그칠 줄 모른다. 기자도 웬일인지 같이 울어졌다. 창밖에서는 병자를 운반하는 듯 자동차의 경적이 바쁘게 들린다. 다시 말을 계속하시는 여사는 몹시도 피곤한 듯 입만 달싹달싹 하고 무슨 말인지 잘 아니 들린다. 기자는 그의 입에다 귀를 갖다 댄다. "소위 여학교라는 것치고 그 속에 유치원을 둔 것은 우리 학교일 것입니다. 어머니와 자식이 같이 와서 하나는 이 방에서 하나는 저 방에서 배운 후에 하학하면 제 딸 제 아들들을 찾아서 데리고 가도록 그렇게 만든 것입니다. 연령이 초과하여 다른 학교에 입학치 못하는 분을 중심하여 가르칩니다. 과도기에 있는 우리 사회로서는 없지 못할 기관입니다. 이것도 십 년만 지나면 불필요하게 될 것입니다."

말을 마치시고 숨이 가뿐 듯이 후 하고 한숨을 쉬신다. 기자는 잠깐 기다렸다가 다시 그 뒤에는 어떻게 하시렵니까 하고 미안하지만 이왕 온 김이라 여기까지 들어야 되겠다고 속으로 억지를 썼다.

"그 뒤에는 여자직업학교로 만들 작정입니다. 한 사람이 이십 년이나 이십오 년의 긴 시간과 금전을 허비하여 배우는 것도 좋지만은 한 집에 다섯이나 네 사람이 다 같이 보통교육을 받고 그리고 자기의 빵을 구할 수 있도록 적당한 교육이 필요합니다."

그 이튿날 아침에 기자는 어머님이 모여 있는 근화여학교로 갔다. 무궁화와의 떨기가 가을 아침을 빛내고 있는 동교문을 들어서니 대강당에서는 밤톨 같은 어린이들이 '우리 집에 닭 한 쌍' 하는 유희 창가를 최 선생님 지도 밑에서 연습하고 있다.

그 옆 각 실에서는 다른 여학교 생도들과 어디가 다른가시피 어머니로서는 너무나 젊고 어여뻐 보였다. 이 학교는 일 년에 두 번씩 졸업식을 거행하는데 이달 그믐날 동교의 졸업식이 있다고 한다.

김미리사 여사의 피와 눈물과 그리고 여러 선생님의 힘과 땀으로 유지해나가는 근화를 위하여 참맘으로 빌면서 돌아왔다.(사진은 운동장에 모인 전교 생도)

—『중외일보』, 1929.9.21.

여학교를 찾아

음악과까지 신설 교세校勢 발전에 노력

◇ 조선 여자의 미술학교로서

◇ 오직 한 개인 훌륭한 학교다

내자동 여자미술女子美術

바늘 하나 붓 한 개로 산수가 나타나며 화조가 생동하는 조화의 신비를 가르치는 학교! 여자미술학교로 갔다. 탁 트인 교정에는 늙은 괴목槐木이 두세 주 가을을 부르고 있었다. 리희명 선생께 안내를 받아 교원실로 들어갔다. 첨 뵙는 남자 선생이 세 분이 기자의 묻는 말을 번갈아 대답하신다.

"대정 십사 년에 창설되어 김의식 선생이 교장이올시다. 현재 학생 수효는 한 오십 명이나 됩니다."

"학급은 이태[1] 동안에 졸업하도록 하는데 전공과에는 고녀 졸업 정도로 입학을 시키고 본과에는 보통학교 졸업 정도로 받습니다."

"경비 말씀입니까? 네! 장차는 어떠한 방침이나 나서겠지요만은 지금은 퍽 어려운 가운데 있습니다. 교원들은 십여 명이 모두 거진 의무적으로 하다시피 하고 있습니다. 모처럼 생겨 나온 조선 여자미술학교

1 두 해.

어떠한 방법으로든지 이것을 붙잡고 나가려고 합니다. 사회 여러 어른의 많은 도움을 기다릴 수밖에 없지요."

리희명 선생님을 따라 위층으로 올라갔다. 수틀에 앉은 처녀들이 아미를 소곳이 숙이고 바늘만 폭폭□ □뜨는 태도는 '테니슨'의 시에 나타나는 '운명의 부인'을 연상시킨다. "자수는 산수가 제일 어렵고 그 다음이 동물이고 그리고 식물이올시다. 수병풍 한 폭에 산수를 놓으려면 실값만 해도 삼십 원은 듭니다. 그래서 여기서 공부하려면 돈이 많이 드는 것을 알아두어야 합니다. 팔기도 하는데 썩 잘된 것은 한 폭에 이백 원 이상 가는 것도 있습니다. 이번 박람회에 출품한 것도 있습니다."

그 담은 화과실畵科室인데 방금 수채화를 가르치고 계시던 리제상 선생은 다음과 같이 설명하시는 "그림을 배우는데 제일 첨에는 연필 그리고 수채화 그 담에 목탄木炭 맨 나중에 유화 이러한 순서로 가르칩니다. 그림이나 조각이나 건축 같은 것은 공간미술에 속합니다. 그런데 시간미술 즉 음악과 매우 밀접한 관계가 있습니다. 그래 음악과가 따로 있습니다." 사면 벽에는 생도의 제작품인 각종의 그림들이 걸려 있는 것이었던 미술전람회 같은 기분을 일으킨다.

채규엽 선생이 맞아 가르치는 성악과는 발성법과 악리樂理 기타 작곡 일반을 교수한다는데 그 외에 혼성합창대까지 있어서 음악으로서는 유감없이 가르칠 작정이라고 한다. 장차는 청량리에 있는 만여 평이나 되는 기지 위에 신교사를 건축할 예정이라는 바 이것은 이사회에서 하리라고 한다.

기자는 웅장하고 화려한 집에서 가지각색의 미의 정화를 제작하는

처녀들을 상상하면서 돌아왔다.(사진은 신설된 음악과 생도 일동)

—『중외일보』, 1929.9.22.

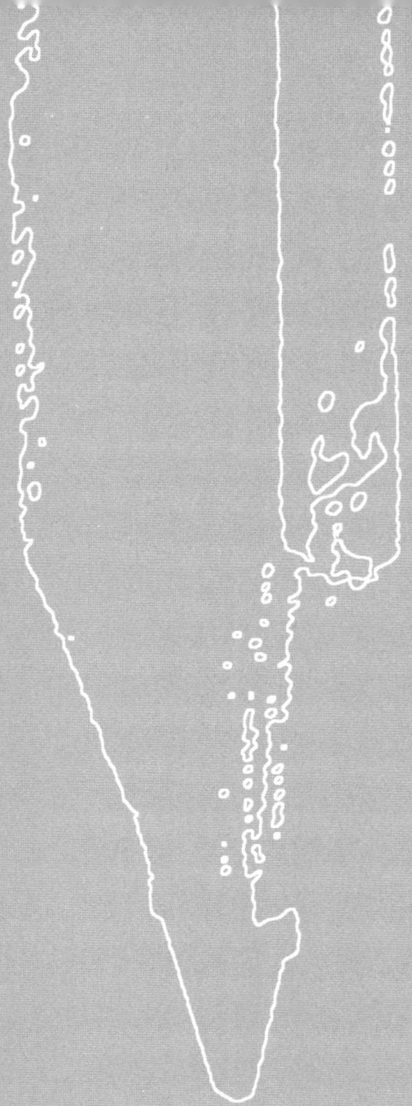

부록

식민지 시기 김말봉 이명異名에 대하여

진선영

1. 작가의 페르소나, 이명異名

식민지 시대 활동한 작가들은 본명本名 외에 아호雅號 혹은 다수의 필명筆名으로 작품 활동을 하였기 때문에 생애 및 작품 연구에 있어 이를 규명하는 작업은 연구의 첫머리에 놓이는 것이 주지의 사실이다. 이러한 이유로 유병석은 "한국의 문사들은 꽤 많은 이명을 사용하였기 때문에 그들의 문학적 작업을 정리하기 위해 이명을 분명히 밝힐 필요"가 있으며 이는 작품의 좀 더 완전에 가까운 이해, 나아가 문학사 기술의 기초 작업을 위해 가장 중요한 연구 작업이라 천명한 바 있다.[1] 『한국소설사』[2]의 부록 맨 처음에 중요 문학인의 필명 및 호 일람표가 집대성된 것도 이러한 이유일 터이다.

1 유병석, 「한국문사의 이명(異名) 연구」, 『문학사상』, 문학사상사, 1974, 74쪽.
2 김윤식 · 정호웅, 『한국소설사』, 문학동네, 2000, 599쪽.

작가가 사용하는 이명은 아호, 필명, 자, 아명, 별명 등을 총칭하는 개념이다.[3] 작가가 본명 외에 다른 이름을 사용하는 것은 여러 가지 개인적, 사회적 이유를 추측해 볼 수 있다. 시대적 압력으로 본명을 걸고는 쓰기 힘든 것을 쓸 수 있는 자유를 얻기 위해서이거나, 향후 지속될 작가의 문학적 지향을 가명에 아로새겨 특별한 목적의식을 표방하기 위함도 생각해 볼 수 있다. 이명 쓰기는 작가의 삶과 시대적 상황에 따라서 의도적으로 개입되어 드러난다는 점에서, 문학적 허명과 표내기 차원에서가 아니라 현실 문제를 깊게 짚어내는 고민과 판단에서 그 사용이 고려되었음직하다. 이는 식민지 근대라는 독특한 지정학적 위치에 있었던 식민지 작가들에게 풍성한 이명이 존재하는 이유일 것이다.

여성 작가들의 경우 여성이라는 레테르를 떼고 작품에 대한 진지한 평가를 받기 위함도 있다. 또한 문제작, 인기작에 대한 전작과의 거리두기도 생각해 볼 수 있다. 네 가지의 어느 행간에 작가의 욕망이 자리하면 적게는 한두 개, 많게는 십여 개에 가까운 작가의 페르소나, 가면을 만날 수 있다. 이처럼 존재의 고유명사인 이름은 작가의 특성과 역동성을 표상하는 집약체인 것이다.

이명 사용은 식민지 지식인들 사이에서 널리 사용된 삶의 한 방식이었다. 그러므로 밝힐 수 있는 것을 밝혀내어 텍스트의 필자를 확정하거

3 '본명(本名)'은 호적에 오른 법적 · 공식적 이름, '아호(雅號)'는 일반적으로 호라 부르는 것으로 동양에서 고래로 시인 묵객이 가졌던 것으로 아취(雅趣)가 있고, 성명(姓名) 위에 얹어 부르거나 성 밑에 붙여 부르기도 했다. '필명(筆名)'은 작품을 발표할 때만 본명 대신에 쓰는 이름을 뜻하고, '자(子)'는 본명과 가장 가까운 것인데 일상 생활에서 많이 불린 이름을 뜻한다. 손아랫사람은 함부로 부를 수 없다는 점과 비묵객도 누구나 가졌다는 점에서 아호(雅號)와 구별된다. '아명(兒名)'은 관명(冠名)을 갖기 전에 어려서 불리는 이름을 말하고, '별명(別名)'은 흔히 조롱조로, 가까운 사이에서 지어 부르는 이름을 칭한다. 이명(異名)은 이 모두를 통칭한다.

나 최소한 추정이 가능한 근거 자료들을 모으는 일은 설사 그로 인해 문학사적 맥락이 수정되는 일이 없다 해도, 지속되어야 한다.[4] 하지만 이명에 대한 문제제기는 작가 및 작품 연보가 축적되어 전집이 출간되고 정교한 작품 연구가 진행되는 오늘날 오히려 낡거나 지엽적인 문젯거리로 보이기도 한다.

그러나 이명 연구는 작가 연구나 작품 규명에 있어 근본적인 문제제기라는 측면, 작가 의식의 통시적 변화를 파악하는 출발점이라는 측면에서 간과되어서는 안 될 것이다. 문학 연구가 담론 연구 중심으로 전환되고 저자라는 개념 역시 담론의 질서 속으로 포섭이 된 이 시대에 작가의 이름이나 뒤적거리는 이 고루한 비평 형식이 여전히 유효할 수 있는 이유는, 작품의 심층에 탐구의 추를 내려 저자의 의도를, 또 그런 글을 쓰게끔 하는 원인을 읽어낼 수 있기 때문이다. 한 작가의 삶과 이력을 정리하고 보존하는 것에 대해 바치는 노력은 결코 낡거나 우완한 방식이 아니라 그 사회의 전통에 대한 성숙을 가늠케 하는 중요한 척도가 될 것이다.

이 글은 작가의 의도에 대한 실증주의적인 태도를 취하며 그런 까닭에 어떤 측면에서 전기 기술의 형태로 나타나기도 할 것이다. 이러한 작업은 원전을 확정하는 작업이나 어딘가에 숨겨진 채 아직 발견되지 못한 작가의 작품을 발굴하고 수집하는 작업으로 이어질 수 있으며 이를 통해 한국문학의 물질적인 토대가 점점 두터워질 수 있다는 점에서 의미를 갖는다.[5]

---

4 최성윤, 『계몽과 통속의 소설사』, 월인, 2013, 206쪽.

5 김예리, 「'언어로의 전회'와 인문학으로서의 작가론」, 『한국근대문학연구』 27, 한국근대문학

'문학 작품의 가장 명백한 근거는 그것의 창작자인 저자이다. 그렇기 때문에 작가의 품성과 생애로 작품을 설명하는 것은 가장 오래된 그리고 가장 잘 수립된 문학 연구의 방법'이라는 브룩스의 고전적 논의[6]나 작가론이나 작품론이 작가가 산출한 문학작품에 대한 비평적 규명에 초점을 둔다면 문학 전기는 작가의 삶에 대한 '섬세한 이해'를 요구한다는 레온 에델의 지침[7]을 따라간다면, 우리가 아주 오래전 자주 사용했지만 더욱 실용적인 도구에 의해 사라진, 녹슨 쟁기의 놀랍도록 날카로운 이면을 만날 수 있다. 이러한 문제의식이 김말봉 이명 연구의 첫 시작점이다.

2. 김말봉의 이명, 검증과 확정

김말봉은 한국문학사에서 독특한 한 지점에 위치하는바 스스로 대중소설가로 공표한 이래 1961년 작고할 때까지 쉼 없이 대중소설을 발표하였다. 일찍이 식민지 시대 발표한 인기작 중심(『밀림』, 『찔레꽃』)의 연구가 포화된 이후[8] 해방공간[9]과 한국전쟁 이후[10]의 신문연재 대중소설이

회, 2013, 7~33쪽.

6 르네 웰렉 · 오스틴 워렌, 김병철 역, 『문학의 이론』, 을지문화사, 1993, 449쪽.

7 레온 에델, 김윤식 역, 『작가론의 방법－문학전기란 무엇인가』, 삼영사, 1983, 17쪽.

8 강옥희, 「1930년대 후반 대중소설 연구」, 상명대 박사논문, 1999, 229쪽; 권선아, 「1930년대 대중소설의 양상 연구－『찔레꽃』의 구조와 의미를 중심으로」, 고려대 석사논문, 1994, 70쪽; 김미영, 「김말봉의 『밀림』과 『찔레꽃』의 독자수용과정에 대한 인지심리학적 고찰」, 『어문학』 107, 한국어문학회, 2010, 219~243쪽; 김영찬, 「1930년대 후반 통속소설 연구」, 성균관대 석사논문, 1995, 113쪽; 박선희, 「『찔레꽃』에 나타난 스포츠와 연애」, 『우리말글』 59, 우리말글학회, 2013, 331~361쪽; 서영채, 「1930년대 통속성의 존재방식과 그 의미」, 『민족문학사연구』 4, 민족문학사학회, 1993, 267~288쪽; 서정자, 「삶의 비극적 인식과 행동형 인물의 창조－김말봉의

꾸준히 연구되고 있는 실정이다. 해방 이후 발표한 김말봉 작품에 대한 연구는 시대적 이데올로기를 바탕으로 한 작가 의식 연구(작가론)이거나 대중소설의 공식에 따라 작품을 연구한 경우(작품론)가 주를 이룬다.

김말봉은 대중적으로 성공한 작가였으나 당시의 인기에 비해 작가 및 작품 연구는 상대적으로 홀대받았다. 일반적으로 한 작가의 생애 및 작품에 대한 기본적인 정보는 전집류의 연표에 의존할 수밖에 없는데 김말봉의 작품이 장편, 단편문학대계에 실리는 경우가 드물었고 설사 실렸다고 하더라도 상당히 소략되어, 기본 자료로 삼기에도 부족한 면이 있다.[11]

『밀림』과 『찔레꽃』연구」, 『여성문학연구』 8, 한국여성문학학회, 2002, 190~230쪽; 오태영, 「가정소설의 정치학」, 『나혜석연구』 2, 나혜석학회, 2013, 223~252쪽; 이정옥, 「대중소설의 시학적 연구-1930년대를 중심으로」, 서강대 박사논문, 1999, 226쪽; 진선영, 「한국 대중연애서사의 이데올로기와 미학」, 이화여대 박사논문, 2011, 259쪽.

9 박산향, 「김말봉 소설 『꽃과 뱀』에 나타난 양면성 고찰」, 『인문사회과학연구』 14-1, 부경대 인문과학연구소, 2013, 95~111쪽; 박선희, 「김말봉의 『가인의 시장』 개작과 여성운동」, 『우리말글』 54, 우리말글학회, 2015, 267~295쪽; 정하은, 「반속 정신의 금자탑을 세운 「화려한 지옥」」, 『김말봉의 문학과 사회』, 종로서적, 1986, 99~133쪽; 진선영, 「해방기 세태소설의 한 양상-김말봉의 『가인의 시장』을 중심으로」, 『한국문화연구』 29, 이화여대 한국문화연구원, 2015, 185~215쪽; 진선영, 「형식적 미학과 운명애의 향연-김말봉의 『꽃과 뱀』을 중심으로」, 『여성문학연구』 36, 한국여성문학학회, 2015, 241~265쪽; 최미진, 「광복 후 공창폐지운동과 김말봉 소설의 대중성」, 『현대소설연구』 32, 한국현대소설학회, 2006, 97~120쪽; 최지현, 「해방기 공창폐지운동과 여성연대 연구-김말봉의 『화려한 지옥』을 중심으로」, 『여성문학연구』 19, 한국여성문학학회, 2008, 267~293쪽.

10 이병순, 「김말봉의 장편소설 연구」, 『한국사상과 문화』 61, 한국사상문화학회, 2012, 52~73쪽; 박산향, 「김말봉 장편소설의 남녀 이미지 연구」, 부경대 박사논문, 2014, 160쪽; 배상미, 「성노동자에 대한 낙인을 통해 본 해방기 성노동자 재교육운동의 한계-김말봉의 『화려한 지옥』과 박계주의 『진리의 밤』을 중심으로」, 『현대소설연구』 55, 한국현대소설학회, 2014, 301~338쪽; 안미영, 「김말봉의 전후소설에서 선, 악의 구현 양상과 구원 모티프-『새를 보라』, 『푸른 날개』, 『생명』, 『장미의 고향』에 등장하는 '고학생'을 중심으로」, 『현대소설연구』 23, 한국현대소설학회, 2004, 317~340쪽; 임미진, 「해방기 아메리카니즘의 전면화와 여성의 주체화 방식-김말봉의 『화려한 지옥』과 박계주의 『진리의 밤』을 중심으로」, 『한국근대문학연구』 29, 한국근대문학회, 2014, 33~58쪽; 진선영, 「한국전쟁기 김말봉 소설의 이데올로기 연구-『별들의 고향』을 중심으로」, 『겨레어문학』 55 겨레어문학회, 2015, 325~350쪽; 최미진 · 김정자, 「한국전쟁기 김말봉의 『별들의 고향』 연구」, 『한국문학논총』 39, 한국문학회, 2005, 293~332쪽.

11 김말봉, 『한국장편문학대계-찔레꽃』, 성음사, 1970, 497쪽; 김말봉, 『현대한국단편문학전

부족한 자료도 자료거니와 김말봉의 경우 신문연재 장편소설을 모두 본명으로 발표하였기 때문에 비교적 다른 이명 외에 본명이 잘 알려져 있다. 특히 한국전쟁 이후에는 본명 외에는 다른 이명을 사용하지 않은 것으로 확인된다. 그렇다면 이명에 대한 문제제기는 부당해 보이기도 하는데, 이에 대한 해명은 식민지 시대에 발표한 글에 대한 정치한 재고를 통해 김말봉의 이명에 대한 확정 및 작가 의식의 규명으로 해소될 수 있을 것이다. 더불어 작가 김말봉과 그의 작품에 대한 선행 연구들의 공과가 검증되어 제대로 된 김말봉 작가 연보 및 작품 목록이 작성될 수 있기를 희망한다.

다음에 소개하는 네 개의 자료는 1980년대 이후 김말봉 작가 연보, 작품 목록이 비교적 상세히 정리된 자료로서 이 저작들을 중심으로 김말봉의 이명을 확인하고, 실증 자료를 근거로 이명을 확정하거나 삭제하거나 보류하는 방식으로 논의를 진행하고자 한다.

(가) 본명은 말봉(末鳳), 필명은 김보옥(金步玉) 또는 김말봉(金末峰), 아호는 끝뫼, 노초(路草)[12]

(나) 김말봉의 본명은 말봉(末鳳), 필명은 김보옥(金步玉), 이문옥(李文玉), 또는 김말봉(金末峰)이며 아호는 노초(露草, 路草), 노엽(露葉), 끗뫼 등이다.[13]

집』, 문원각, 1974, 451쪽.

12 정하은, 앞의 책, 411쪽.

13 서정자, 앞의 글, 224쪽.

(다) 끝뫼 김말봉은 1901년 경남 밀양에서 태어났다. 딸만 넷을 둔 집안에 막내딸로 태어나 끝봉이란 뜻의 말봉(末峰)이란 이름을 얻었다. 다섯 살이 되도록 어머니가 사내아이의 옷을 입혀서 키웠다고 한다. 언니 셋을 둔 가정에서는 아들이 너무나도 부러웠고, 활발하고 명석했던 말봉은 어머니 원대로 아들 역할을 잘해냈다.[14]

(라) 본명은 말봉(末峰), 필명은 보옥(步玉), 말봉(末鳳), 아호는 끝뫼, 노초(露草)[15]

(가)~(라)는 김말봉에 관한 주요저작들 중에서 작가의 이명과 관련한 부분만 발췌한 것이다. (가)의 내용은 정하은이 편저한 『김말봉의 문학과 사회』에서 발췌한 것이다. 김말봉의 생애, 문학, 사상, 작품론을 집대성한 이 책은 작가 25주기를 기념하여 출판된 저서로 처음으로 작가의 생애와 작품연보를 구체적으로 정리하였다는 측면, 그의 전 작품(단, 장편)을 아울러 문학적 재평가를 시도하였다는 측면에서 김말봉 연구의 선구적 업적을 이루었다.[16] 편저자 정하은은 국문학자이자 김말봉의 둘째 사위라는 점에서 전기적 신빙성을 확보하였다. 이후 이 책의 종합성, 상징성 등으로 작가의 생애 및 작품연보는 고정되었고, 그 행

14 김정준, 『마태 김의 메모아』, 지와사랑, 2012, 53쪽.

15 진선영 편, 『밀림』(김말봉 전집 1), 소명출판, 2014, 793쪽.

16 "소설가이자 여성해방운동의 선구자로 꼽히는 끝뫼 김말봉 여사의 25주기를 맞아 그의 둘째 사위이기도 한 문학평론가 정하은 씨가 「김말봉의 문학과 사회」(종로서적 간행)를 펴냈다. (…중략…) 김말봉 여사는 한국 최초의 여성 장로이자 해방 후 공창폐지를 실현한 실천적 사회운동가로도 추앙받고 있다. 그의 25주기 추모식과 출판기념회가 지난 23일 프레스센터에서 있었다." 「「김말봉의 문학과 사회」 펴내, 평론가 정하은 씨」, 『경향신문』, 1986.6.26.

간을 채우거나 수정하는 방향으로 연보는 보강되었다.

(나)는 서정자가 정리한 연보이다. 정하은의 연구 이후 김말봉 연구의 집대성자로 서정자를 언급함에 주저함은 없다. 「김말봉의 페미니즘 문학 연구」[17]와 「삶의 비극적 인식과 행동형 인물의 창조－김말봉의 「밀림」과 「찔레꽃」연구」[18] 등 연속하는 두 편의 논문을 통해 김말봉의 처녀작 「시집살이」를 발굴하였다. 특히 연구자가 발로 뛰어 채득한 작가 연보는 김말봉 연구의 중요한 기본 자료로 작가 의식의 근간을 확인한 유일한 연구이기도 하다.

(다)의 저자 김정준은 김말봉의 첫째 사위로 김말봉의 수필이나 설문에 종종 등장했던 매매(전재금)의 남편이다. 에세이 형식으로 기술된 이 책에는 그간 알려지지 않은 김말봉의 사적인 면이 그려져 있어 전기적 자료로서 가치를 갖는다.

(라)는 김말봉 작품을 정전화하기 위한 전집의 성격을 가지며 가장 최근의 저작으로 앞선 선행 자료를 종합하는 성격을 갖는다.

위의 자료를 종합해 보면 김말봉의 이명은 십여 가지에 이른다. 이를 바탕으로 증명되어야 하는 몇 가지 쟁점을 정리해보면 첫째, 김말봉의 본명은 말봉末鳳인가 말봉末峰인가. 둘째, 김보옥金步玉, 이문옥李文玉은 모두 김말봉의 필명인가. 셋째, 아호인 노초露草, 노초路草, 노엽露葉 모두 김말봉인가.

이러한 작업을 통해 정설로 받아들여져 의심 없이 되받아 쓰인 연보

17 서정자, 「김말봉 페니미즘 문학연구」, 『한국 여성소설과 비평』, 푸른사상, 2001, 432～463쪽.

18 서정자, 「삶의 비극적 인식과 행동형 인물의 창조－김말봉의 『밀림』과 『찔레꽃』연구」, 『여성문학연구』 8, 한국여성문학학회, 2002, 190～230쪽.

와 작품의 행간을 들여다보고 과도한 해석과 압도적 비평을 걷어낸 자리, 그 소박한 자리에서 작품을 통해 김말봉 문학의 출발점을 새롭게 발견하고 확정해보고자 한다.

1) 본명(本名), '끝뫼'라는 힌트

(가)와 (나)의 자료, 『한국소설사』의 필명 및 호 일람표, 『한국여성문인사전』[19]에 따르면 김말봉의 본명은 봉황 '봉'자를 쓰는 '김말봉金末鳳'으로 기재되어 있다. 반면 (다)와 (라)의 자료, 망우리의 그의 묘비[20]에는 봉우리 '봉'자를 쓰는 '김말봉金末峰'이 새겨져 있다. 둘 중 하나는 본명이고 다른 하나는 필명, 혹은 잡지사나 출판사의 실수일 수 있다. 김말봉은 대부분의 작품을 김말봉으로 발표하였는데, 「명사 부인기자 상호 인상, 비치는 대로의 최의순 씨」[21] 에서만 '金末鳳'의 이름이 확인된다. 이 글은 『조선일보』 여기자 최의순과 『중외일보』 여기자 김말봉이 상호 인상을 주고받는 글로, 당시 소수였던 여기자에 대한 세간의 관심과 김말봉의 호방하고 사교적인 성격이 잘 드러나 있다. 이름을 김말봉이 그렇게 전달한 것인지, 잡지사의 오류인지는 확인할 수 없지만 '金末鳳'의 이름이 확인되는 유일한 자료이다.

---

19 숙명여자대 한국어문화연구소, 『한국여성문인사전』, 태학사, 2006, 1109쪽.

20 김말봉은 부산 출생으로 딸 3형제의 막내로 태어나 부모가 끝봉이라 이름 짓고 옷도 사내 옷을 입히며 사내처럼 길렀다. 그의 호방하고 자유스런 성격은 여기서 비롯된 듯하다. 김영식, 『망우리 사잇길에서 읽는 인문학, 그와 나 사이를 걷다』, 호메로스, 2015, 141~148쪽.

21 김말봉(金末鳳), 「명사 부인기자 상호 인상, 비치는 대로의 최의순 씨」, 『철필』 2, 철필사, 1930, 87쪽.

김말봉의 본명이 무엇인지에 대해서는 비교적 명확하게 판단할 수 있는 자기서사[22]가 존재한다. 1934년 『신가정』에 발표한 「맛뽀는 어디로」,[23] 1950년 『여학생』에 발표한 「나의 여학생 시절」[24]이라는 2편의 수필이 그것이다. 앞의 작품에는 자신의 처녀시대를 추억하며, 이름과 관련한 여학교 시절의 일화가 재미있게 소개되고 있다.

> 나는 지금도 그러하지만 그때 그 처녀시절에는 '모든 일에 수줍고 모든 일에 웃음이 터져 나오던' 내 이름 '김말봉'이가 무척 얄궂고 부끄러운 이름이라고 생각하였습니다. 더구나 처음 서울로 유학을 오게 되어 학교의 상급생들에게 다시 놀림을 받고는 난생 처음으로 엄마와 아버지를 원망하였습니다.
>
> '왜 하필 그 얄궂은 말봉이라고 지어주셨을고.' (…중략…)
>
> 그러다가 방학이 되어 나는 집으로 돌아와 아버지와 어머니께 울며불며 진정(陳情)을 하였습니다. 그랬더니 아버지 말씀이
>
> "얘 나는 뜻이 있어 말봉이라 하였다. 경상도의 큰 산은 태백산이 아니냐? 그 태백산 줄기가 이 부산에 와서 끝이 났거든! 그래 네가 그 끝봉오리의 정기를 가지란 말야, 좀 좋으냐?"
>
> 과연 좋기는 좋으나 아버지는 내가 무슨 남자나 되는 듯이 웅장한 산세를 암시하여 이름을 지어주신 것이 더 화가 납니다. (…중략…)

22 자기서사란 화자가 자기 자신에 관한 이야기를 그것이 사실이라는 전제에 입각하여 진술하며 자신의 삶을 전체로서 성찰하고 그 의미를 추구하는 특징을 갖는 글쓰기 양식이라고 할 수 있다. 따라서 자기서사는 단일한 장르개념이 아니며 다양한 장르를 포괄한다. 오늘날의 자서전은 자기서사의 대표적 유형이며 이외에도 자전적 소설, 편지, 일기, 수필 등 다양한 형식의 자기서사가 존재한다. 박혜숙 · 최경희 · 박희병, 「한국여성의 자기서사(1)」, 『여성문학연구』 7, 한국여성문학학회, 2002, 327~328쪽.

23 김끝뫼, 「맛뽀는 어디로」, 『신가정』 4, 신가정사, 1934, 36쪽.

24 김말봉, 「나의 여학생 시절」, 『여학생』 1, 여학생사, 1950, 34~36쪽.

> 그때는 자다가도 유쾌한 웃음을 웃던 것이오 그때는 저는 몰라도 분명히 태백산 끝봉 정기 노릇을 하였던 것입니다.

김말봉은 학창시절 이름 때문에 놀림받자 아버지께 항의했던 사건을 추억하며 자신의 이름이 '태백산 끝봉오리의 정기를 이어받아' 남성처럼 큰 뜻을 이루라는 의미였음을 밝히며 이를 증명이라도 하듯 '김끝뫼'라는 이름으로 글을 발표하였다. 이와 다른 의미로 김정준의 책에 보면 '딸만 넷을 둔 집안에 막내딸로 태어나 끝봉이란 뜻의 말봉末峰이란 이름을 얻었다'[25]고 기록되어 있다.

김말봉은 끝뫼라는 이명을 과거를 추억하거나 내면을 드러내는 수필 등에서 사용하여 이야기의 진정성을 강화하는 형태를 취한다. 이처럼 우리는 '끝뫼'라는 이명를 통해 그의 본명이 김말봉임을 확정할 수 있고, 이 이름처럼 김말봉이 활발한 기상과 호방한 성격으로 긴 호흡을 갖는 소설가가 되었음을 확정할 수 있다.

2) 필명(筆名), 이문옥(李文玉)과 김보옥(金步玉) 사이

김말봉의 첫 문단 등단작은 1932년 『중앙일보』 신춘문예 당선작인 「망명녀」이다. 그는 이 작품을 김보옥이라는 필명으로 발표하였는데 그 이유는 「처녀작은 딸의 이름으로」라는 수필을 통해 확인할 수 있다.[26] 보옥은 남편 전상범 사이에서 낳은 쌍둥이 남매 중 여아의 이름이

25 김정준, 앞의 책, 53쪽.
26 김말봉, 「작가로 세상에 나오기까지 – 처녀작은 딸의 이름으로」, 『신태양』 4-1, 신태양사, 1955,

다. 딸의 이름 '전보옥'에 자신의 성만 붙여 신춘문예에 응모한 것이다. 당시 『중앙일보』에는 당선작 소개와 함께 당선자의 사진 및 약력이 소개되는데 당시까지의 김말봉의 이력이 상세히 소개되어 있다. 이후 김말봉이 김보옥이라는 필명을 사용한 경우는 현재까지 발견되지 않지만 당시의 기록이나 작가의 수필을 통해 볼 때 이를 김말봉의 필명으로 확증하여도 무방하다.[27]

> 본사 신년현상문예에 응모하여 당선된 작품의 작자 제군의 약력을 소개하며 따라서 그들의 당선된 감상을 들어본다. 일등 당선 소설의 작자 김보옥(일명 말봉) 여사는 명치 삼십육 년생으로써 일찍이 경성 정신여학교를 졸업하고 그 후에는 도동(渡東)하여 동경송영고등여학교를 졸업하고 경부동지사여전 영문과를 졸업한 후에 문부성 중등교원무시험검정에 합격되었다. 그 후 1929년서부터 동 30년까지는 전 중외일보의 신문기자로 활동하였었다. 지금은 가정생활에 종사한다고 한다.[28]

사랑과 계급 갈등을 갖춘 제일 역작[29]인 김보옥의 「망명녀」에 대해서 동시대의 비평가 이원조는 이 작품이 단편소설로 마무리되기 아까운 장편다운 맛이 있고, 표현 기교가 금춘 당선된 작품 중에서 제일 정연하다고 평가하였다.[30]

155쪽.

27 김말봉이 김보옥이라는 필명을 다시 사용하지 않은 이유는 보옥이 열한 살의 나이로 사망하였기 때문으로 추측된다. 또한 보옥과 쌍둥이로 태어난 아들 영도 한국전쟁 중에 전사하는 아픔을 겪는다. 관련 내용은 한무숙, 「아아, 김말봉 선생」, 『김말봉의 문학과 사회』, 종로서적, 1986, 48~49쪽.

28 「1등당선소설, 망명녀의 작자, 김보옥 여사의 약력」, 『중앙일보』, 1932. 1. 17.

29 김윤식, 『해방공간 한국 작가의 민족문학 글쓰기론』, 서울대 출판부, 2006, 381쪽.

김말봉이 「망명녀」를 발표하여 문단에 등단하기 전까지의 약력이 위의 인용문에 상세히 기록되어 있다. 이 자료에 따르면 김말봉이 김보옥이라는 필명으로 문단에 등단한 것은 1932년이지만, 각고의 연구 끝에 서정자가 「시집살이」를 발굴하면서 그의 등단은 7년이나 앞당겨졌다. 「시집살이」는 신춘문예 제도를 처음으로 도입한 1925년 『동아일보』 가정소설 부분에 3등으로 당선된 작품이다.[31] 1925년 초에 공고가 나고 원고 모집이 이루어진 후 3월의 「당선문예발표」란을 보면 '가정소설 「시집살이」, 광주군 대왕면 둔전리 이문옥'으로 당선자가 기재되어 있다. 신춘문예의 지원 부문과 당선자의 이름 및 주소, 작품명 등을 짧게 수록한 이 지면을 보면 어디에도 이문옥이 김말봉이라는 연관성을 찾을 수는 없다. 그런데 약 한 달 후 당시 『동아일보』에 연재 중이던 이광수의 「재생」이 저자의 신병으로 며칠 휴재케 되자 그 대체 독물로 「시집살이」가 실리게 되는데, 이문옥의 이름이 아닌 노초露草의 이름으로 연재된다.[32]

「시집살이」는 가정소설이라는 단서가 붙었듯이 열일곱 살 먹은 을순이가 열네 살짜리 어린 신랑에게 시집을 와 겪는 시집살이의 고초를 을순이의 발화로 자조적, 격정적으로 토로하고 있다.[33] 이 작품을 발굴하여 김말봉의 데뷔작으로 평가한 서정자는 김말봉이 시집살이의 체험을

30 이원조, 「신춘당선문예개평」, 『중앙일보』, 1932.2.11.

31 한국에서 신춘문예라는 제도가 처음 등장한 것은 1925년 『동아일보』가 문학작품의 공모를 연말에 실시하면서부터이다. 제1회 신춘문예의 경우 각 분야별 당선작을 보면, 소설 부문에 1등 당선은 없고 2등 당선으로 최자영(崔紫英)의 「오빠의 이혼 사건」, 가정소설 부문 3등 이문옥(李文玉)의 「시집살이」, 신시 부문 김창술(金昌述)의 「봄」, 동화극 부문 윤석중(尹石重)의 「올빼미의 눈」 등이 있다. 「당선문예발표」, 『동아일보』, 1925.3.2.

32 『동아일보』, 1925.4.18.

33 서정자, 「김말봉 페니미즘 문학연구」, 『한국 여성소설과 비평』, 푸른사상, 2001, 43쪽.

하였다는 사실, 당선문예 발표란의 주소와 이름이 모두 허구라는 점, 노초라는 필명으로 연재되었다는 점, 그리고 그 후 쓰인 글들이 모두 노초나 노엽 등 동명의 아호로 기록되고 있다는 점에서 그의 작품으로 단정해도 좋지 않을까 하였다. 이를 근거로 하면 김말봉은 신춘문예에 최초로 입상하여 문단에 등단한 여성작가인 셈이다. 반면 이 작품이 지금까지 어디에도 김말봉의 작품이라는 언급이 없었다는 점, 작가의 친지나 가족에게 문의하였지만 별 소득이 없었고, 1925년 그가 어디에 있었는지, 그의 결혼은 어떻게 와해되었는지 등 확연히 밝혀지지 않은 대목은 문제로 남아 있다고 진술하였다.

이는 본고도 동의하는바 작품의 내용만으로는 「시집살이」가 김말봉의 작품임을 확증할 수 없다는 점, 이문옥이 김말봉임을 증명하는 가장 앞선 증거는 '노초露草'라는 필명이지만 동명의 필명이 없으리라는 보장도 '없음'을 고려한다면 확정의 증거가 아니라 증명의 항목이 되어야 할 것이다. 또한 신문에 소개된 작가의 이력(신춘문예 선정 당시 작가 이력 소개란) 및 다음 해에 쓰인 작가의 칼럼에 그간 발표한 작품에 대한 상세한 정보(제목, 발표지, 발표년도 등)가 작가의 육성으로 기술되었는데 「시집살이」에 대한 언급이 전혀 없다는 점은 여전히 '이문옥'이라는 필명에 의심의 눈초리를 거둘 수 없게 한다.

> 동지사 여자전문 영문과를 나온 뒤 지금은 없어진 중외일보 부인기자로 일 년 동안 일보다가 가정으로 들어갔습니다. 지금부터 육 년 전 조선중앙신문 현상에 '망명녀'라는 단편이 당선이 되고 그 뒤 잡지 신가정에(지금부터 삼 년 전) 단편 '고행'을 실은 뒤 동아일보에 '밀림'을 연재하게 되었습니다.

> 어떤 사정으로 '밀림'이 휴재되고 조선일보에 '찔레꽃'을 연재하여 끝을 막고 여류선집에 '편지'라는 단편을 실었습니다. 지금은 다시 '밀림'을 연재하는 중입니다. 새해의 소망이란 좀 더 좋은 작품을 내보려는 것입니다.[34]

마지막으로 두 명의 사위가 집필한 책에서도 이 작품에 대한 언급이 전혀 없다는 점 등을 고려할 때 '이문옥'이라는 필명과 등단작으로서의 「시집살이」에 대한 확정은 유보되어야 할 것이다.[35] 현재까지의 자료로서는 '아니다'가 아니라 '아닐 수 있으므로 확정할 수 없다'는 판단을 내리는 것이 타당하리라 사료된다.

3) 아호(雅號), 노초(路草)와 노초(露草) 사이

앞선 논의를 통해 김말봉의 본명과 필명을 확정하고 유보하였다면 마지막으로 해명되어야 하는 이명은 노초라는 아호이다. 노초라는 아호는 김말봉이 본명 다음으로 많이 사용하였고, 특히 『중외일보』 부인기자 시절에는 노초라는 이름으로 더 많이 활약하였다. 그간 노초라는 아호는 한자어를 달리하여 '路草', '露草' 혹은 '露葉'까지도 모두 김말봉의 이명으로 처리되어 작품 연구에 활용되었고, 특히 등단 초기 작가의식을 규명하는 중요한 척도가 되었다.

정하은이 편저한 『김말봉의 문학과 사회』에 보면 김말봉이 1922년

---

34 김말봉, 「여행을 하고 싶다」, 『동아일보』, 1938.1.8.

35 「시집살이」를 본 논문에서 '김말봉의 작품이 아니다'로 판정하는 것을 미루는 이유(유보)는 배제나 확정의 근거가 부족하다는 판단 때문이다. 이것이 좀 더 명확해 지기 위해서는 이 시기(1925)의 김말봉의 연보가 보충되어야 할 것인데 이는 좀 더 시간을 요하는 작업이다.

〈표 1〉

장르	제목	발표지면	발표일자	발표명
시	암흑을 깨뜨리고	신생활	1922.6	路草生
	비오는 빈촌	신생활	1922.6	路草生
	광야에 누워	신생활	1922.6	路草生
	머리 둘 곳은 어데	신생활	1922.7	路草
수필	일기중에서	신생활	1922.9	路草
	신사의 멱살을 잡고[37]	별건곤	1927.8	金末奉
	여기자 생활의 감상	조선지광	1930.1	끝뫼
	매매가 아픈 밤	중외일보	1930.3.29	金露草
	비치는 대로의 최의순씨	철필	1930.8.	金末鳳
평론	이상향의 남녀생활	신생활	1922.8	路草
	감상과 비평(상, 중, 하)	중외일보	1930.2.19~23	露葉
소설	시집살이	동아일보	1925.4.18~25	當選者名 廣州郡 大旺面 屯田理 李文玉 連載者名 露草

스무 살 남짓 노초路草라는 필명으로 글쓰기를 시작하였음을 알 수 있다.[36] 이 기록대로라면 김말봉은 본명보다 먼저 '路草'라는 필명으로 등단하였고, 더욱이 사회주의 계열의 잡지 『신생활』에 시와 평론을 통해 이름을 알리게 된 것이다.

서정자는 「망명녀」가 발표되기 이전 약 10년간(1921~1931)을 '노초 시대'라 명명하면서 이 노초 시대에 작가는 세계관을 형성하였고 평생 동안 추구해 마지않은 어떤 상처 내지 문제를 체험하였다고 보았다. 서정자는 '습작기인 노초 시대에 시 4편, 수필 평론 7편, 소설 1편' 등 모두 12편을 글을 발굴, 정리하였는데 발표한 글의 이명을 정리하면 〈표 1〉과 같다.

표에서 알 수 있듯이 김말봉의 이명에 대한 확정은 위 12편의 대한 선별이 관건이다. 12편의 글 중 앞서 확인된 김말봉과 아호 끝뫼를 빼고, 가

36 노초, 「이상향의 남녀 생활」, 『신생활』 8, 신생활사, 1922, 91~101쪽; 노초, 「일기 중에서」, 『신생활』 9, 1922, 115~116쪽.

장 많이 사용된 '노초路草'라는 필명은 작가 생애 중 가장 이른 시기에, 또한 『신생활』이라는 사회주의 계열의 잡지에 사용되어 그 의미가 배가되었는데 이 시기, 이 지면을 제외하고 김말봉이 노초라는 필명을 사용한 흔적은 찾아볼 수 없다.

잡지 『신생활』은 1922년 창간된 사회주의 잡지로, 1920년대 초반 사회주의 매체의 일부이면서 동시에 프로문학이 형성되는 결정적 매개라는 점에서 그 중요성이 강조될 수 있다.[38] 서정자에 따르면 이 지면에 발표된 4편의 시에는 빈궁민의 처참한 삶을 고발하면서 황금만능의 시대를 신랄하게 비판하고 있으며, 일기와 평론을 통해 볼 때에도 김말봉이 아나키즘에 깊이 영향을 받고 있다고 판단하였다. 또한 거듭 강조하여 노초 시대의 김말봉이 아나키즘에 깊이 공감하고 있다는 사실은 김말봉의 소설을 해석하는데 반드시 참고하여야 할 중요한 사항이라고 지적한다. 「시집살이」에서 보여준 성에 관련한 여성 억압 문제는 「망명녀」에서 윤락녀의 구원 문제를 천착하는 데로 이어졌고, 『화려한 지옥』에서 보다 구체적인 실천적 모색으로 이어진다는 것이다. 노초의 실천적 페미니즘 의식이 제도적 권위, 지배 원리를 부정하는 민중차원의 이념으로서의 아나키즘에 바탕한 것임을 그의 노초시대를 단서로 규정지을 수 있다고 강조하였다.

---

37 이 수필은 김말봉(金末奉)으로 발표되었으나 작가 김말봉의 글이 아닌 것으로 판단된다. 『별건곤』에서 '각방면의 통쾌담'을 수집하였는데 노동자인 '김말봉'이 인력거를 몰면서 겪은 일화와 이에 관한 통쾌담이 수록되어 있다. 잡지 목차에 노동자 김말봉으로 기재되어 있다.

38 『신생활』에 대한 평가는 '아나키즘의 영향을 받은 것'이라는 판단과 '맑스주의에 기반한 분석 틀로 그 메커니즘을 고발하지 못하고 단순히 자본주의가 문제의 근원이라는 원론적 비판에 머문 것'이라는 판단이 공존한다. 박종린, 「일제하 사회주의 사상의 수용에 관한 연구」, 연세대 박사논문, 2006, 67쪽.

반면 『신생활』지에 발표된 4편의 시와 2편의 수필, 평론은 아나키즘 사상에 깊이 공감하는 격조 있는 글인데 '일본으로 건너가기 전 1922년에 발표한 글들은 정신여학교 졸업만의 학력으로 쓰인 글이라고 믿기 어렵도록 세련되어 있다'[39]는 연구자의 언급에서 알 수 있듯이 당시의 작가 이력으로는 해석되지 않는 이질감이 있다. 그간 김말봉이 아나키즘이건 사회주의이건 어느 이데올로기에 대한 편향을 드러내는 글쓰기 흔적이 없었고, 당시 김말봉의 상황 및 발표지의 성격을 볼 때 여러 가지 의문이 드는 것 또한 사실이다. 그리고 이러한 이질감의 정체는 최근 『신생활』지를 연구한 다른 연구자에 의해 증명되었다.

> 정백의 이력은 1922년 『신생활』 기자로 출발한다. 또한 한국의 사회주의 운동사에 관한 대부분의 연구들에서 확인할 수 있는 정백의 행적은 1921년 서울청년회 활동 이후부터이다. 이 논문과 직접 관련이 있는 것은 아니지만 정백이 '노초'라는 필명으로 『신생활』에 발표했던 시나 산문이 정확한 근거 없이 김말봉 연구자들에 의해 김말봉의 작품으로 둔갑돼 연보 등에 등재되었으나 여전히 이것이 시정되지 않고 있다. 이 논문을 통해 바로잡고자 한다.[40]

정백, 묵소 혹은 노초라는 필명을 사용했던 사회주의자 정지현. 그는

---

39 서정자, 「김말봉론－삶의 비극적 인식과 행동형 인간의 창조」, 『우리 문화 속 타자의 복원과 젠더』, 푸른사상, 2012, 302쪽.

40 김경연, 「1920년대 초 '공통적인 것'의 상상과 문화의 정치－『신생활』의 사회주의 평면문화운동과 민중문예의 기획」, 『한국문학논총』 71집, 한국문학회, 2015, 343～405쪽. 노초(路草)의 시와 수필, 평론은 당시 정백의 행적과 함께 이 논문에 상세히 분석되어 있다. 이 외에도 권유성, 「1920년대 초기 사회주의 경향 잡지의 문예론과 시적 실천 양상 연구」, 『국어국문학』 165, 국어국문학회, 2013, 359～390쪽; 최병구, 「1920년대 프로문학의 형성과정과 미적 공통성에 관한 연구」, 성균관대 박사논문, 2013.

한국 최초의 사회주의 잡지로 평가되는 『신생활』의 창간에 가담하였고 담론의 개진을 넘어 정치미학으로서의 신문예 창작과 번역에 힘쓰는데, 노초의 이름으로 발표한 4편의 시는 이러한 실천적 결과물이었다. 일련의 시편들을 통해 민중들의 빈궁 문제, 인간을 구속하고 기만하는 문화를 비판한다. 『신생활』의 사회주의자들은 사회주의 신사회의 도래를 위한 문화투쟁의 유력한 장이 '문예'이며 '생활을 위한 문학' 혹은 '민중 문예'를 구상함으로써 정치와 문학이 분리되지 않는 새로운 문예의 창안을 기획했던 것으로 보인다.

정치적 담론을 미학적으로 형상화하고 이를 새로운 문예 운동으로 기획했던 정백의 시가 김말봉의 시로 '둔갑'하여 김말봉 작품의 첫 출발점에 놓이고 이후의 작품 해석에까지 지대한 영향력을 행사하는 것으로 연구된 것은 김말봉 연구자로서, 또한 식민지 근대문학 연구자로서 반성할 일이다. 이는 노초 정백에게 뿐만 아니라 노초 김말봉에게도 애석한 일이다.

지금까지의 오해는 노초路草, 노초露草라는 동음이의어에서 발단된 것으로 생각된다. 다른 뜻의 두 개의 한자어를 모두 김말봉의 이명으로 판단하였고 이것이 검증 없이 되풀이된 것이다. 이제 김말봉의 연보에서 노초路草라는 이름과 『신생활』에 발표된 글들은 삭제되어야 할 것이다.[41]

그렇다면 노엽이라는 필명은 어떠한가! 김말봉이 노엽이라는 필명으로 개제한 글은 1930년 『중외일보』의 「감상과 비평」이라는 평론 1편

41 본 연구자는 『김말봉 전집』을 엮은이로서 실증 없이 이 모두를 작품 연보에 기록한 과실이 있다. 향후 출판될 전집에서는 수정된 작품연보를 수록할 예정이다.

이다. 김말봉은 1929~1930년까지 『중외일보』의 부인기자로 활약하였고, 1930년 1월 1일 동신문사 주최 '가정부인 문제 좌담회'에도 본지를 대표하여 참여한 기록, 신문사의 학예부 소속으로 노초와의 연관성 속에서 비평을 위한 또 다른 필명이 필요했으리라 추측한다면 노엽이 김말봉의 필명일 가능성은 충분하다. 여러 외부적 조건이 노엽이 김말봉의 필명일 수 있다는 조건을 충족시키는데 좀 더 명확한 확정을 위해서는 글의 내용을 분석해 보아야 한다.

이 평론은 상중하로 나뉘어 1929년부터 1930년까지 조선문단에 대한 감상과 비판을 통시적으로 고찰한 글인데 편견적 문단, 기성 비평가들의 아집, 소설가의 글쓰기 등의 문제점을 요목조목 비판한 후 제대로 된 비평과 감상을 위해 '객관적 태도를 가지고 분류 비평을 하여야 한다'고 주장하고 있다.

내용상으로 볼 때 굳이 김말봉의 글이 아니라고 확정할 수 있는 근거는 없으나 그간 김말봉 문장에서 발견할 수 없는 한문투의 문장이 상당하고, 동경 유학에서 돌아온 1년 남짓 조선문단(저널리즘, 소설가, 비평가의 역학관계) 전체를 비평적 안목으로 파악하기에는 다소 시간이 부족했으리라는 점, 글의 말미에 어남포於南浦가 기재되어 있는 것, 이 글 외에는 노엽이라는 필명이 전혀 발견되지 않는다는 점을 고려한다면, 이 필명 또한 김말봉의 필명이라고 확정할 근거가 부족하다.

그렇다면 노초露草는 김말봉의 필명인가. 김노초로 발표된 수필 「매매가 아픈 밤」이나 당대 잡지사의 설문 등을 통해서 이를 확인할 수 있다. '매매'는 김말봉 소생의 첫째 딸 전재금으로[42] 이 수필에는 부인기자로서 친언니가 집안 살림을 돌보는 광경과 아픈 딸의 병간호, 늦은 밤

풍경이 감상적으로 서술되어 있다. 또 삼천리사에서 '세상에서 가장 소중한 것이 무엇이냐'는 설문에 설문자 중외일보사 김말봉은 '금년 세 살 된 딸 매매가 가장 소중'[43]하다고 대답한 것으로 보아 이슬 露와 풀 草의 노초露草는 김말봉의 필명으로 확정할 수 있다.

4) 『중외일보』와 부인기자 김노초

김말봉의 이명을 확정하고, 유보하다 보면 김말봉의 첫 번째 글이 저널리즘에 부인기자로서 여학교를 방문한 뒤 쓴 기사문일 수 있으며, 식민지 시대 김말봉의 첫 등장은 부인기자로서였음을 점칠 수 있다. 우리에게 부인기자 김말봉은 다소 생소한데 이는 김말봉이 식민지 후반기를 대표하는 대중소설가로서의 입지가 강한데 반해 그 이전의 이력이나 활약상이 전혀 알려지지 않은 것에 대한 반증일 것이다.

김말봉은 1927년 교토 동지사 여자전문을 졸업하고 귀국, 1928년 시인 변영로로부터 기자 권유를 받고 『중외일보』에 취직[44]하였다. 김말봉은 『시대일보』(『중외일보』 전신) 때부터 부인기자직을 수행했던 황신덕의 후임으로 1928년 『중외일보』 학예부에 입사한다. 신문사에서 김말봉은 본명보다 노초露草라는 필명으로 더 많은 글쓰기를 하였다.

동신문사에서 '여학교 탐방기'는 이 시기에만 있었고 이것을 김말봉이 취재, 기사 작업을 하였던 것으로 보인다. 탐방기의 기본적인 패턴

42 "재금에게 '매매(梅梅)'라는 애칭을 지어주신 분이 정지용이다." 김정준, 앞의 책, 96쪽.
43 김말봉, 「명류부인과 산아제한」, 『삼천리』 8호, 삼천리사, 1930, 88쪽.
44 김영식, 앞의 책, 43쪽.

〈표 2〉

기사명	연재 정보
여학교를 찾아－정동 이화여학교	『중외일보』, 1929.9.11. 金末峰.
여학교를 찾아－관훈동 동덕여교	『중외일보』, 1929.9.13. 金露草.
여학교를 찾아－연지동 정신여교	『중외일보』, 1929.9.14. 金露草.
여학교를 찾아－견지동 여자상업	『중외일보』, 1929.9.15. 金露草.
여학교를 찾아－제동 여자고보교	『중외일보』, 1929.9.18.
여학교를 찾아－필운동 배화여고	『중외일보』, 1929.9.19. 金露草.
여학교를 찾아－수송동 숙명여고	『중외일보』, 1929.9.20. 金露草.
여학교를 찾아－안국동 근화여교	『중외일보』, 1929.9.21. 金露草.
여학교를 찾아－내자동 여자미술	『중외일보』, 1929.9.22. 金露草.
본사주최, 가정부인 문제 좌담회	『중외일보』, 1930.1.1～2.

은 학교를 찾아가는 길에서부터 시작된다. 학교에 대한 인상을 학교 건축의 특색과 함께 설명하며 수필적인 짧은 인상기로 시작하여, 기자의 내의를 이야기하고 교장실로 간다. 설립자, 혹은 교장의 안내를 받아 학교의 이곳저곳을 살핀다. 이때 김말봉 소설에서 자주 보이는 인물 묘사가 빛을 발한다. 가령 "그가 김활란 씨다. 미국서 대학 학위를 얻고 돌아와서는 일천만 여성 중에 한 사람으로 국제모회의 태평양모회의에 참가하여 반도 여자의 기념을 토하여 득의의 절정에 있는 김활란 씨다. 담황색 원피스에 검은 넥타이를 매고 시원스럽게 잘라버린 머리는 뽀얀 이마를 덮었다".[45] 교장으로부터 학교의 건학 이념과 전문성 등을 전해 듣고, 앞으로의 발전 방향과 개선점 등을 이야기 나누며 탐방기는 마무리 된다.

『중외일보』에서 여학교 탐방기를 제외하고 다른 글에서 노초의 이름을 발견하기는 어렵다. 이는 당시 신문, 잡지사에서 부인기자의 역할이

45 김말봉, 「여학교를 찾아－정동 이화여학교」, 『중외일보』, 1929.9.11.

란 것이 여성 독자 확보를 위한 가정란에 한정되는 경우가 많았고, 기사 작성과는 무관한 원고 청탁과 같은 잡무를 보는 일이 많았기 때문이다. 또한 대부분의 여기자들이 결혼 및 사회구조적인 문제로 1~2년 동안의 짧은 기자 생활을 하였고, 특히 동신문사의 경우 재정난으로 인해 존립 자체가 흔들리고 있었던 터라 부인기자의 역할을 더욱 협소했으리라 추측된다.[46]

그럼에도 불구하고 부인기자로서 김노초의 활약상을 그려볼 수 있는 몇 편의 글이 있다. 외돗생은 당시 활약하는 세 명의 부인기자를 비교하여 직업 중에도 가장 활력과 큰 용기를 가져야 지켜갈 수 있으며 사회의 제일선에 서서 악전고투하는 신문기자 노릇을 하는 아낙네가 세 신문사(『동아일보』－최의순, 『조선일보』－윤성상, 『중외일보』－김말봉)에 한 분씩 있어서 기쁘고 든든하다고 피력하였다. 셋의 공통점으로 견실성이 있으며 학력에 있어서 수염 난 남기자들의 간담을 서늘케 할 정도로 대단하다고 치켜세운다. 김말봉의 외모상 특징은 얼굴의 면적이 넓다고 하였고, 김말봉의 "조리 있는 필치에는 중외사회부장의 경탄하는 바이며 때때로 심사가 좋으실 때에는 아름다운 노래를 읊으시어 들음에 주린 편집국원들의 마음을 기쁘게 한다. 구수한 경상도 사투리도 특색의 하나이며 일찍이 악단에 이름을 날린 일도 있어 아시는 분이 매우 많다"[47] 고 서술하였다. 외돗생의 글은 부인'기자'보다 '부인'기자에 초점이 맞춰져 있지만 김말봉이 '조리 있는 필치'로 데스크의 인정을 받았다는 사실, 같은 학예부 소속의 최독견과 종종 의견 다툼을 하였다는 것 등을

46 윤은순, 「일제시기 일간지 여기자의 역할과 위상」, 『숭실사학』 28, 숭실사학회, 2012, 147~173쪽.
47 외돗생, 「동아 조선 중외 삼신문사 여기자 평판」, 『별건곤』, 별건곤사, 1929.

알 수 있다. 또한 『동아일보』의 최의순이 『중외일보』 김말봉에 대해 쓴 상호인상기를 보면 활발한 기상, 사교적 유형으로 신문기자로서 좋은 자질을 가지고 있었음을 알 수 있다.

김말봉이 직업부인이 된 후 소감을 말한 「여기자의 생활 감상」[48]에는 부인기자가 된 후 소회를 확인할 수 있다. 시와 소설에서 보던 세계와는 전혀 다른 현실과 맞닥뜨리게 되어 현기증이 날 정도로 정신이 얼떨떨하다는 것, 직업 전선에 선 많은 남성들을 보며 그들의 횡포를 저주하기보다는 생의 전선 위에 함께 싸우는 동지애를 느낀다는 소회, 엄중한 현실의 채찍 아래 많은 직업부인들이 다시 규방으로 돌아가는 것을 보고 성性에 의존치 말고 좀 더 엄중히 현실과 싸워 볼 것을 요청하며, 참다운 직업부인을 맞이하기 위해 개인적, 사회적으로 좀 더 성숙해질 필요가 있음을 피력한다.

김말봉의 『중외일보』 입사년도도 확실치 않지만(1928년 혹은 1929년) 퇴사일 또한 확실치 않다. 삼천리사의 설문에 중외일보사 김말봉이 응답한 것이 1930년 9월이고 그 이후 『별건곤』의 「풍문첩」에 "중외일보 여기자로 있던 김말봉 씨는 미국 하와이로 유학을 간다고 부산 고향으로 돌아가더니 유학은커녕 전상범 군과 결혼을 하고 최신식 청첩(1930.11.26, 상오 11시 부산 영주동 525번지 자택에서 전상범과 결혼식을 거행)을 그의 친지들에게 발하였다"[49]는 기사가 실렸다.

김말봉은 1930년 9월과 10월 사이에 신문사를 퇴사한 것으로 추측되고, 이후 부산으로 내려가 전상범과 결혼하여 신혼생활을 즐기는 틈틈

48 김말봉, 「여기자의 생활 감상」, 『조선지광』, 조선지광사, 1930, 120~122쪽.
49 「풍문첩」, 『별건곤』 36, 개벽사, 1931.1.

이 소설 쓰기를 병행한 것으로 보인다. 그리고 약 1년 남짓 후에 『중외일보』의 후신인 『중앙일보』에 김보옥이라는 필명으로 당선되어 문단에 등단하게 된다.

3. 나오며

김말봉은 한국문학사에서 독특한 한 지점에 위치하는바 스스로 대중소설가로 공표한 이래 1961년 작고할 때까지 쉼 없이 대중소설을 발표하였다. 김말봉의 경우 신문연재 장편소설을 모두 본명으로 발표하였기 때문에 비교적 다른 이명 외에 본명이 잘 알려져 있다. 그렇다면 이명에 대한 문제제기는 부당해 보이기도 하는데, 이에 대한 해명은 식민지 시대에 발표한 글에 대한 정치한 분석을 통해 김말봉의 이명에 대한 확정 및 작가 의식의 규명으로 해소될 수 있을 것이다. 더불어 작가 김말봉과 그의 작품에 대한 선행 연구들의 공과가 검증되어 제대로 된 김말봉 작가 연보 및 작품 목록이 작성될 수 있을 것이다.

정리해 보면 첫째 김말봉의 본명은 말봉末峰이다. '태백산 끝봉오리의 정기를 이어받아' 남성처럼 큰 뜻을 이루라는 의미, '딸만 넷을 둔 집안에 막내딸로 태어나 끝봉이란 뜻'의 말봉으로 이름 지었고 '끝뫼'라는 이명을 통해서도 그의 본명이 김말봉임을 확정할 수 있다.

둘째 김말봉의 첫 문단 등단작은 1932년 『중앙일보』 신춘문예 당선작인 「망명녀」이다. 그는 이 작품을 김보옥이라는 필명으로 발표하였는데 딸의 이름에 자신의 성을 붙여 신춘문예에 응모한 것이다. 반면

서정자가 발굴한 「시집살이」는 이문옥이라는 이름으로 투고되었고 노초의 이름으로 연재된다. 그러나 「시집살이」가 김말봉의 작품임을 확정할 수 없다는 점, 이문옥이 김말봉임을 증명하는 가장 앞선 증거는 노초露草라는 필명이지만 동명의 필명이 없으리라는 보장도 '없음'을 고려한다면 확정의 증거가 아니라 증명의 항목이 되어야 할 것이다.

셋째 서정자는 「망명녀」가 발표되기 이전 약 10년간(1921~1931)을 '노초시대'라 명명하면서 노초의 실천적 페미니즘 의식이 제도적 권위, 지배 원리를 부정하는 민중 차원의 이념으로서의 아나키즘에 바탕한 것임을 노초시대를 단서로 규정지을 수 있다고 강조하였다. 그러나 잡지 『신생활』을 연구한 다른 연구자에 의해 증명된 결과 노초는 사회주의자 정지현이었다. 다른 뜻의 두 개의 한자어를 모두 김말봉의 이명으로 판단하였고 이것이 검증 없이 되풀이 된 것이다. 이제 김말봉의 연보에서 노초路草라는 이름과 『신생활』에 발표된 글들은 삭제되어야 할 것이다. 노초露草가 김말봉이라는 증거는 여러 수필이나 설문 등을 확인할 수 있는 바 이슬 露 풀 草의 노초는 김말봉의 필명으로 확정할 수 있다.

김말봉의 이명을 확정하고, 유보하다 보면 김말봉의 첫 번째 글이 저널리즘에 부인기자로서 여학교를 방문한 뒤 쓴 기사문일 수 있으며, 식민지 시대 김말봉의 첫 등장은 부인기자로서였음을 점칠 수 있다. 우리에게 부인기자 김말봉은 다소 생소한데 이는 김말봉이 식민지 후반기를 대표하는 대중소설가로서의 입지가 강한데 반해 그 이전의 이력이나 활약상이 전혀 알려지지 않은 것에 대한 반증일 것이다.

김말봉은 1928년 『중외일보』 학예부에 입사하여 1930년대 초반 퇴사하였고 부산으로 내려가 전상범과 결혼하여 신혼생활을 즐기는 틈틈이 소설 쓰기를 병행한 것으로 보인다. 그리고 약 1년 남짓 후에 『중외일보』의 후신인 『중앙일보』에 김보옥이라는 필명으로 당선되어 문단에 등단하게 된다.

작가 연보

1901.4.3 경남 밀양에서 부 김해 김씨 윤중(允仲)과 모 배복수(裵福守) 사이의 3자매 중 막내로 출생, 함양군 안의면에서 성장.
본적은 부산시 영주동 517번지.
본명은 말봉(末峰), 필명은 보옥(步玉), 말봉(末鳳), 아호는 끝뫼, 노초(露草).
미국인 어을빈의 부인이 경영하는 기독교계 소학교에서 초등학교를 마침.

1914 일신(日新)여학교(현 동래여고) 입학.

1917 일신여학교 3년 수료, 상경하여 정신여학교 4년 편입.

1919.3 서울 정신여학교 4년 졸업.

1919 황해도 재령 명신여학교 교원.

1922.11 도쿄에 있는 송영고등여학교(松榮高等女學校) 4학년에 편입, 고근여숙에 기숙.

1923 송영고등여학교 5학년 졸업.

1924.4.11 교토 동지사 여자전문학부 영문과 입학.

1924 목포의 이의현 씨와 동거.

1927.3.21 교토 동지사 여자전문학부 영문과 졸업.

1928 첫 딸 재금(매매) 출생, 이 무렵 첫 결혼을 정리한 듯함.

1929 『중외일보』 기자.

1930.11.26 1930년까지 『중외일보』 기자로 있다가 미국 하와이로 유학을 간다고 부산으로 내려갔다고 함. 하지만 유학 소식은 들려오지 않고 결혼 소식이 최신식 청첩(1930.11.26, 상오 11시 부산 영주동 525번지 자택에서 전상범과 결혼식을 거행)으로 친지들에게 발표되었다고 함. 전상범 씨와의 사이에서 영, 보옥 쌍둥이를 낳음(출생년도 명확치 않음)

1932 『중앙일보』 신춘문예에 단편 「망명녀」가 김보옥(金步玉)이라는 필명으로 당선되어 문단에 데뷔. 보옥이라는 필명은 쌍둥이 딸의 이름.

1933 부산 동구 좌천동 794번지에 거주. 딸 제옥을 낳음.

1935.9.26 『동아일보』에 『밀림』을 연재하기 시작.

1936.1.26 부군 전상범 씨 사망.

1936.8.29 『동아일보』 강제 정간으로 『밀림』 연재 중단.

1937.3.31 『조선일보』에 『찔레꽃』 연재 시작.

1937 이종하(李鍾河) 씨와 세 번째 결혼, 본적 경남 밀양군 하남읍 수산리 445번지. 혼인 신고는 1943년 4월 29일에 함.

1937.6.10 딸 정옥(貞沃) 출생.

1937.10.3 『조선일보』의 『찔레꽃』 연재 완결.

1937.11.4 『동아일보』에 『밀림』을 다시 연재하기 시작.

1938.12.25 『밀림』 후편 연재 중단.

1941.4.4 아들 무(茂) 출생(김말봉 씨 소생의 자녀는 모두 6명).

1945 해방까지 일어로 글쓰기를 거부, 가난과 싸움. 서울 중구 동자동 18-20으로 이주.

1946.3.21 『동아일보』에 오랫동안의 침묵을 깨고 장편소설 『밤과 낮』을 집필하기로 되었다는 소식이 발표되지만 실제 연재되지 않음.

1946.8.10 조선부녀총동맹을 비롯한 14개 좌우익 여성단체가 '폐업공창구제연맹'을 결성, 이 단체의 회장직을 수락하고 공창폐지운동의 전면에 나섬.

1947.7 신문사의 연재 예고나 문인 소식을 통해 볼 때 소설 쓰기를 재계하였으나 연재 지면을 얻지 못하는 듯하다가 『부인신보』에 「카인의 시장」을 연재하기 시작함. 이 소설은 후에 『화려한 지옥』으로 제목이 바뀌어 문연사에서 단행본이 출간. 오랜 절필의 시간을 뒤로 하고 본격적인 소설 쓰기가 시작됨.

1947.10.28 김말봉을 중심으로 한 여러 여성단체의 노력으로 공창폐지령이 확정되고 11월에 폐창연맹은 해소.

1949 하와이 시찰(보배 언니가 하와이에 거주).

1950 귀국, 부산으로 피난하여 수정동에 거주.

1952.9 베니스에서 열린 세계 예술가 대회에 한국대표로 참가.

1954 「새를 보라」, 「바람의 향연」, 「옥합을 열고」, 「푸른 날개」 등 4편의 소설을 동시에 연재. 부군 이종하 씨 사망.

1955 미 국무성 초청으로 도미 시찰, 펄벅 여사 만남.

1956 미국에서 귀국.

1957 「생명」, 「푸른 장미」, 「방초탑」 등 3편의 소설을 동시에 연재.

1957.12.2 성남교회 창립일에 기독교 장로교회에서 여성 장로로 피선(최초의 여성 장로), 대한민국 예술원 회원에 당선.

1958 「화관의 계절」, 「행로난」, 「사슴」, 「아담의 후예」, 「광명한 아침」, 「장미의 고향」, 「제비야 오렴」, 「환희」, 「해바라기」 등의 작품을 1959년에 걸쳐 발표, 왕성한 작품 활동을 함.

1960.4 폐암으로 세브란스 병원에 입원.

1961.2.9 종로 오세헌 내과에 재입원하였으나 상오 6시 사망.

1962.2.9 1주기를 맞아 망우리 묘지에 묘비를 세움.

작품 연보

1. 단편소설

작품명	연재 정보
망명녀	『중앙일보』, 1932.1.1~10.(9회, 김보옥(金步玉)으로 신춘문예 당선)
고행	『신가정』, 1935.7.
요람	『신가정』, 1935.10~1936.2.(5회로 연재 중단)
편지	『현대조선여류문학선집』, 조선일보사, 1937.
성좌는 부른다	『연합신문』, 1949.1.23~29.(6회)
낙엽과 함께	『신여원』 1호, 1949.3.
이십 일간	『주간서울』 50~62호, 1949.8.29~11.21.
선물	『현대문학』, 1951.
합장	『신조』 1호, 1951.6.
망령	『문예』 13, 1952.1.
어머니	『신경향』 4권 1호(복간호), 1952.6.
사천이백원	『협동』 37, 1952.12.
바퀴소리	『문예』 15, 1953.1.
처녀애장	『전선문학』, 1953.2.
전락의 기록	『신천지』 54, 1953.7,8.
이슬에 젖어	『현대공론』 12, 1954.12.
여적	『한국일보』, 1954.12.5~1955.2.13.(10회)
식칼 한 자루	『신태양』 30, 1955.2.
여심	『현대문학』 2, 1955.2.
탕아기	『여성계』 4권 2호~6호, 1955.2~6.
여신상	『여성계』 5권 1호~9호, 1956.1~6,9,11.(6회)
사랑의 비중	『여원』 2권 4호, 1956.4.
고슴도치	『주부생활』 1권 5호, 1957.5.
남편의 유령	『아리랑』 3권 6호, 1957.6.
아내의 유서	『아리랑』 3권 7호, 1957.7.

작품명	연재 정보
이런 취직	『아리랑』 3권 12호, 1957.12.
그리운 눈동자	『아리랑』 4권 2호, 1958.2.
그믐 밤의 전설	『아리랑』 4권 3호, 1958.3.
돌아온 아내	『아리랑』 4권 4호, 1958.4.
부르는 소리	『아리랑』 4권 5호, 1958.5.
광명한 아침	『학원』 7권 2호~8권 2호, 1958.6~1959.1.(9회)
아담의 후예	『보건세계』 5권 3호~6권 2호, 1958.6~1959.2.(9회)
월야(月夜)의 비화(秘話)	『아리랑』 4권 7호, 1958.7.
어머니를 죽인 사나이	『아리랑』 4권 9호, 1958.9.
수의를 선물한 아들	『아리랑』 4권 10호, 1958.10.
장도(壯途)는 슬프다	『아리랑』 4권 11호, 1958.11.
악몽	『여원』 5권 4호, 1959.3.
부부이변:간통쌍벌죄	『소설계』 8호, 1959.4.
학사님 논으로 가다	『아리랑』 5권 5호, 1959.4.
참새 둥우리	『주부생활』 3권 12호, 1959.12.
이브의 후예	『현대문학』 64~65호, 1960.4~5.

2. 장편소설

작품명	연재 정보
밀림	『동아일보』, 1935.9.26~1936.8.27.(『동아일보』 4차 정간으로 233회로 연재 중단) 1937.11.4~1938.2.7.(총 293회로 전편 완재) 1938.7.1~12.25.(후편 96회 연재 후 중단, 미완)
찔레꽃	『조선일보』, 1937.3.31~10.3.
카인의 시장	『부인신보』, 1947.7.1~1948.5.8.(이후 『화려한 지옥』으로 문연사에서 1951년 8월 초판 발행)
꽃과 뱀	1949.(연재 여부 불확실)
별들의 고향	1950.(연재 여부 불확실)
설계도	『매일신문』, 1951.(연재 일자 불확실)
출발	『국제신문』, 1951.(연재 일자 불확실)
파도에 부치는 노래	『희망』, 1951.10~1952.10 · 1953.1~6.

작품명	연재 정보
태양의 권속	『서울신문』, 1952.2.1~7.9.(139회)
계승자	『사랑의 세계』, 1952.
바람의 향연	『여성계』 3권 1호~4권 1호, 1954.1~1955.1.(11회)
옥합을 열고	『새가정』 1권 1호~2권 3호, 1954.2~1955.3.(14회)
새를 보라	『대구매일신보』, 1954.2.1~6.17.(120회)
푸른 날개	『조선일보』, 1954.3.26~9.13.(161회)
찬란한 독배(毒盃)	『국제신문』, 1955.2.15~7.9.(138회)
생명	『조선일보』, 1956.11.28~1957.9.16.(265회)
방초탑	『여원』 3권 2호~4권 2호, 1957.2~1958.2.(13회)
푸른 장미	『국제신문』, 1957.6.15~12.25.(186회)
화관의 계절	『한국일보』, 1957.9.18~1958.5.6.(228회)
길	『희망』 8권 1호, 1957~1958.1.
행로난(行路難)	『주부생활』 2권 2호~3권 1호, 1958.2~1959.1.(12회)
사슴	『연합신문』, 1958.6.1~12.31.(212회)
장미의 고향	『대구매일신보』, 1958.11.20~1959.4.22.(142회)
제비야 오렴	『부산일보』, 1958.12.1~1959.7.19.(227회)
환희	『조선일보』, 1958.12.15~1959.7.21.(217회)
해바라기	『연합신문』, 1959.7.1~1960.2.28.(236회)

3. 시

작품명	연재 정보
오월의 노래	『신가정』, 1935.5.
해바라기	『신가정』, 1935.9.

4. 수필

작품명	연재 정보
매매가 아픈 밤	『중외일보』, 1930.3.29.(김노초(金露草))
맛뽀는 어디로	『신가정』, 1935.4.(김끝뫼)

작품명	연재 정보
만리장공에 달만 홀로 달려	『신가정』, 1935.8.
5월은 내 사랑의 상징	『조광』, 1936.5.
잠꼬대	『소년』, 1937.10.
미혼인 젊은 남녀들에게	『부인』 2권 6호, 1947.9.
(고(故) 러-취 군정장관 추억) 러-취 군정장관을 추모하며	『새살림』, 1947.12.
새 시대의 남녀 정조관	『부인』 3권 5호, 1948.12.
가을의 추억 : 이역에서 만난 인도청년	『해방공론』, 1949.10.
낙엽과 주검	『연합신문』, 1949.11.9~11.
나의 여학생 시절	『여학생』 2권 1호, 1950.1.
새 술은 새 부대에	『부인경향』 1권 1호, 1950.1.
양여사와 나의 아라비안 인사	『부인』 5권 1호, 1950.2.
본대로 들은 대로	『경향신문』, 1951.8.26.
하와이의 야화	『신천지』 7권 2호, 1952.3.
멀리 떠나 있는 남편	『신천지』 7권 3호, 1952.5.
무슨 별 말 있으리 : 문인 대우나 받게 되었으면	『부산일보』, 1952.12.5.
자유예술인의 전결(傳結)	『신태양』 2권 6호, 1953.1.
베니스 기행	『신천지』 8권 1호, 1953.4.
딱한 문제	『신천지』 8권 2호, 1953.5.
내 아들 영이	『문예』 17, 1953.9.
나의 문필 생활과 유년기	『현대공론』 2권 1호, 1954.2.
농촌부녀에게 부치는 편지	『노향』, 1954.3.
나의 작가 생활	『국제보도』 34호, 1954.7.
나의 청춘기	『중앙일보』, 1954.8.1.
나는 어머니를 닮았다고	『새벽』 1권 2호, 1954.12.
육사(陸士)에 부침	『추성』 1호, 1954.12.
돌팔매	『조선일보』, 1955.1.22.
작가로 세상에 나오기까지 : 꿈꾸던 시절의 회상 : 처녀작은 딸의 이름으로	『신태양』 4권 1호, 1955.1.
대망의 노트	『사상계』 3권 3호, 1955.3.
아메리카 3개월 견문기	『한국일보』, 1955.12.8~13.
내가 와서 있는 학교	『여성계』 4권 12호, 1955.12.

작품명	연재 정보
미국에서 느낀 일들	『평화신문』, 1956.11.12~15.
미국에서 만난 사람들	『한국일보』, 1956.11.18~23.
미국기행	『연합신문』, 1956.11.26~12.5.
시장께 드리는 인사	『경향신문』, 1957.1.4.
화장과 독서와	『연합신문』, 1957.1.6.
인간・여인・전화	『경향신문』, 1957.3.10.
바느질 품에 늙고	『평화신문』, 1957.5.9.
'카나다' 선교회 한국지부에 부침 : 대등한 인격 교류	『동아일보』, 1957.5.23~25.
아내라는 이름의 가정부	『여성계』 6권 3호, 1957.5.
식전(式前)에서 초야(初夜)를 마칠 때까지	『여성계』 6권 4호, 1957.6.
딸에 대한 어머니의 권위와 한계	『여원』 3권 8호, 1957.8.
미국 사람들이 무서워하는 병	『보건세계』 4권, 1957.8.
옷치장과 모방	『평화신문』, 1957.11.27.
주부들에게 보내는 새해의 편지	『한국일보』, 1958.1.12.
십대의 성년 기록	『연합신문』, 1958.1.22~23.
등대수(燈臺手)가 본 한국여성의 고뇌상	『여성계』 7권 4호, 1958.4.
함께 하고 싶은 이야기	『한국일보』, 1958.5.6.
어머님 회상	『여원』 4권 5호, 1958.5.
너의 피가 헛되지 말아야하겠다	『동아일보』, 1958.6.26.
가을과 싱거운 병	『경향신문』, 1958.9.9.
한국남성은 정말 매력 없나	『자유공론』 2권 1호, 1958.12.
남의 나라에서 부러웠던 몇 가지 사실들	『예술원보』 2호, , 1958.12.
전화라는 것	『경향신문』, 1959.1.7.
매화	『서울신문』, 1959.2.6.
봄이라는 계절	『연합신문』, 1959.2.11.
가는 곳마다 꽃 속에 싸여	『세계일보』, 1959.2.28.
학생과 신문과 병과	『경향신문』, 1959.3.3.
내가 본 간호원 : 어머니, 누나인 동시에 때로는 애인	『보건세계』 6권 3호, 1959.3.
성장한 딸과 모친의 권위	『가정교육』 11호, 1959.5.

작품명	연재 정보
어머니는 늙으면 외로워지나? : 어머니를 맞으면서	『주부생활』 3권 5호, 1959.5.
크리스마스 이브	『서울신문』, 1959.12.24.
들은 대로 본 대로	『서울신문』, 1960.3.4
어머니	『주부생활』 4권 3호, 1960.3.
위인들의 첫사랑 교훈	『가정교육』 28호, 1960.12.
남편의 정조와 아내	『가정교육』 29호, 1961.1.

5. 칼럼 및 평론

작품명	연재 정보
여기자 생활의 감상	『조선지광』, 1930.1.(끝뫼)
(명사 부인기자 상호 인상) 비치는 대로의 최의순 씨	『철필』, 1930.8.
남자는 약하다	『별건곤』, 1930.8.
나의 분격	『삼천리』, 1936.12.
여행을 하고 싶다	『동아일보』, 1938.1.8.
내가 하고 있는 일	『경향신문』, 1946.10.24.
희망원의 사명	『부인』 1권 3호, 1946.10.
(본보에 보내는 각계의 축사) 진정한 대변자 되라	『여성신문』, 1947.5.13.
유곽의 존재는 과연 사회적 죄악이냐	『가정신문』, 1947.6.7.
(공창폐지 각계여론) 시기 늦었으나 실천화에 목적	『부인신보』, 1947.11.1.
희망원 준비의 사회가 냉정	『중앙신문』, 1948.1.21.
공창폐지 그 후 일개년	『연합신문』, 1949.2.22~24.(3회)
공창폐지와 그 후의 대책	『민성』 5권 10호, 1949.10.
여성과 문예	『서울신문』, 1949.8.6~9.
신남녀동등론	『부인경향』 1권 4호, 1950.4.
오늘의 정조관—여성의 순결은 신화시대부터	『서울신문』, 1953.3.22.

작품명	연재 정보
(논단) 간통죄와 쌍벌주의	『서울신문』, 1953.7.12.
나의 소설의 모델이 된 사나이	『신태양』 2권 10호, 1953.6.
(영화평) 미녀엠마	『조선일보』, 1954.1.9.
문화인을 대우하라	『여성계』 3권 1호, 1954.1.
판도라	『조선일보』, 1954.3.1
작가의 말	『조선일보』, 1954.3.25.
결혼이상론	『현대여성』 2권 9호, 1954.11.
학 같이 늙어가는 김팔봉 씨 : 젊은 시절에는 의젓한 청년	『서울신문』, 1955.3.18.
작자의 말	『한국일보』, 1957.9.13.
육당 선생님과 나 : 30년 전 부인기자로 인터뷰	『평화신문』, 1957.10.14.
〈행로난〉을 연재하며	『주부생활』 2권 2호, 1958.2.
제1회 내성상 심사 소감	『경향신문』, 1958.2.22.
여류작가와 여인	『동아일보』, 1958.4.24.
「화관의 계절」을 끝내며	『한국일보』, 1958.5.6.
「춘근집(春芹集)」	『서울신문』, 1959.2.12.
대중문학	『경향신문』, 1959.3.5.
독단은 곤란하다	『조선일보』, 1959.5.9~10.
육체파 소설의 시비(是非) : 소설 비평에 대한 몇 가지 견해	『서울신문』, 1959.6.12.
나의 애송시 : 박두진의 〈해〉	『보건세계』 6권 11호, 1959.11.

6. 동화

작품명	연재 정보
어머니의 책	『새벗』, 1952.1.
호배추와 달걀	『대벗』, 1952.
씨름	『소년세계』 5호, 1952.11.
신랑과 신부와 화살과	『학원』 2권 2호, 1953.2.
은순이와 메리	『새벗』 22, 1953.10.

작품명	연재 정보
인순이의 일요일	『학원』 2권 12호, 1953.12.
파초의 꿈	『학원』 3권 1호~9호, 1954.1~9.
파랑지갑	『학생계』 1권 1호, 1954.4.

7. 설문

작품명	연재 정보
여자가 본 남자 개조점	『별건곤』, 1930.1.
내가 본 나, 명사의 자아관	『별건곤』, 1930.6.
명류부인의 산아제한	『삼천리』, 1930.9.
십만 애독자에게 보내는 작가의 편지	『삼천리』, 1935.11.

8. 콩트

작품명	연재 정보
산타클로스	『조광』, 1935.12.
S와 주기도문	발표연대 미상
손수건	『민주여론』, 1954.1.25.
돌아온 아들	『추성』 4호, 1957.6.
꿈	『코메트』 39호, 1959.8.

9. 기사 및 좌담회

작품명	연재 정보
여학교를 찾아—정동 이화여학교	『중외일보』, 1929.9.11.(김말봉)
여학교를 찾아—관훈동 동덕여교	『중외일보』, 1929.9.13.(김노초, 金露草)
여학교를 찾아—연지동 정신여교	『중외일보』, 1929.9.14.(노초, 露草)
여학교를 찾아—견지동 여자상업	『중외일보』, 1929.9.15.(노초, 露草)

작품명	연재 정보
여학교를 찾아－제동 여자고보교	『중외일보』, 1929.9.18.
여학교를 찾아－필운동 배화여고	『중외일보』, 1929.9.19.
여학교를 찾아－수송동 숙명여고	『중외일보』, 1929.9.20.
여학교를 찾아－안국동 근화여교	『중외일보』, 1929.9.21.(노초, 露草)
여학교를 찾아－내자동 여자미술	『중외일보』, 1929.9.22.(노초, 露草)
본사주최, 가정부인 문제 좌담회	『중외일보』, 1930.1.1～2.

10. 단행본

책명	발행 정보
찔레꽃	인문사, 1939, 장편.
밀림	영창서관, 1942, 장편.
찔레꽃	합동사서점, 1948, 장편.
꽃과 뱀	문연사, 1949.
화려한 지옥	문연사, 1951, 소설집.
태양의 권속	삼신출판사, 1953, 장편.
별들의 고향	정음사, 1953, 장편.
푸른 날개	형설출판사, 1954, 소설집.
밀림	영창서관, 1955, 장편.
생명	동인문화사, 1957, 장편.
푸른 날개	남향문화사, 1957, 장편.
생명, 푸른 날개	민중서관, 1960, 장편.
바람의 향연	신화출판사, 1962, 장편.
찔레꽃	진문출판사, 1972, 장편.
벌레 많은 꽃	대일출판사, 1977, 소설집.

참고 문헌

강옥희, 「1930년대 후반 대중소설 연구」, 상명대 박사논문, 1999.

고인덕, 「신문소설에 나타난 가치연구」, 서강대 석사논문, 1980.

고준영, 「1930년대 신문장편소설에 나타난 민족관」, 고려대 석사논문, 1980.

구명숙 · 이병순 · 김진희 · 엄미옥 편, 『(해방기) 여성 단편소설』(1~2), 역락, 2011.

권미라, 「김말봉 통속소설 연구-『밀림』, 『찔레꽃』을 중심으로」, 영남대 석사논문, 2006.

권선아, 「1930년대 대중소설의 양상 연구-『찔레꽃』의 구조와 의미를 중심으로」, 고려대 석사논문, 1994.

김강호, 「1930년대 한국 통속소설 연구」, 부산대 박사논문, 1994.

김동윤, 「1950년대 신문소설 연구」, 제주대 박사논문, 1999.

김미영, 「김말봉의 『밀림』과 『찔레꽃』의 독자수용과정에 대한 인지심리학적 고찰」, 『어문학』 107, 한국어문학회, 2010.

김영식, 『그와 나 사이를 걷다-망우리 사잇길에서 읽는 인문학』, 호메로스, 2015.

김영애, 「『꽃과 뱀』의 대중소설적 위상」, 『한국어문교육』 19, 고려대 한국어문교육연구소, 2016.

김영찬, 「1930년대 후반 통속소설 연구-『찔레꽃』과 『순애보』를 중심으로」, 성균관대 석사논문, 1995.

김영택, 「친일세력 미 청산의 배경과 원인」, 『한국학논총』 31, 국민대 한국학연구소, 2009.

김자성, 「독일문학작품에 구현된 카인 아벨의 소재 변용(I)」, 『헤세연구』 23, 한국헤세학회, 2010.6.

김정준, 『마태 김의 메모아-내가 사랑한 한국의 근현대 예술가들』, 지와사랑, 2012.

김한식, 「김말봉의 『찔레꽃』과 '본격통속'의 구조」, 『한국학연구』 12, 고려대 한국학연구소, 2000.

김항명, 『이별속의 만남-김말봉론』, 명서원, 1983.

대중서사학회, 『연애소설이란 무엇인가』, 국학자료원, 1998.

민병덕, 「한국 근대 신문연재소설 연구—작품의 공감구조와 출판의 기능을 중심으로」, 성균관대 박사논문, 1988.
박산향, 「김말봉 소설 『꽃과 뱀』에 나타난 양면성 고찰」, 『인문사회과학연구』 14, 부경대 인문사회과학연구소, 2013.
______, 「김말봉 장편소설의 남녀 이미지 연구」, 부경대 박사논문, 2014.
______, 「김말봉 단편소설의 서사적 특징 연구」, 『인문사회과학연구』 16, 부경대 인문사회과학연구소, 2015.
박선희, 「『찔레꽃』에 나타난 스포츠와 연애」, 『우리말 글』 59, 우리말글학회, 2013.
______, 「김말봉의 『佳人의 市場』 개작과 여성운동」, 『우리말 글』 54, 우리말글학회, 2012.
박종홍, 「『밀림』의 담론 고찰」, 『현대소설연구』 16, 한국현대소설학회, 2002.
박유미, 「해방 후 공창제 폐지와 그 영향에 관한 연구」, 『역사와 실학』 41, 역사실학회, 2010.
박철우, 「1970년대 신문 연재소설 연구」, 중앙대 석사논문, 1996.
반건우, 「1930년대 대중 연애소설의 서사구조 연구—김말봉의 『찔레꽃』과 박계주의 『순애보』를 중심으로」, 한양대 석사논문, 2009.
배기정, 「『찔레꽃』의 전개양상과 그 의미」, 『국어교육학연구』 28, 국어교육학회, 1990.
배상미, 「성노동자에 대한 낙인을 통해 본 해방기 성노동자 재교육운동의 한계—김말봉의 『화려한 지옥』과 박계주의 『진리의 밤』을 중심으로」, 『현대소설연구』 55, 한국현대소설학회, 2014.
______, 「1930년대 여성 노동자의 노동, 그리고 계급투쟁」, 『민족문학사연구』 58, 민족문학사학회, 2015.
백운주, 「1930년대 대중소설의 독자 공감요소에 관한 연구—『흙』 『상록수』 『찔레꽃』 『순애보』를 중심으로」, 제주대 석사논문, 1996.
백　철, 「김말봉씨 저 『찔레꽃』」, 『동아일보』, 1938.
부산여성가족개발원, 『부산 여성사 I—근현대 속의 부산여성과 여성상』, 부산여성가족개발원, 2009.
서동훈, 「한국 대중소설 연구—연애소설을 중심으로」, 계명대 박사논문, 2003.
서영채, 「1930년대 통속성의 존재방식과 그 의미」, 『민족문학사연구』 4, 민족문학사학회, 1993.
서정자, 「삶의 비극적 인식과 행동형 인물의 창조—김말봉의 『밀림』과 『찔레꽃』 연구」, 『여성문학연구』 8, 한국여성문학학회, 2002.
______, 「아나키즘과 페미니즘—김말봉의 경우」, 『한국문학평론』 19·20, 범우사, 2002.
______, 「김말봉의 현실인식과 그 소설화」, 『문학예술』, 한국현대문화연구소, 2004 봄.
손종업, 「『찔레꽃』에 나타난 식민도시 경성의 공간 표상체」, 『한국근대문학연구』 16, 한국근대문학회, 2007.
송경섭, 「일제하 한국 신문연재소설의 특성에 관한 연구」, 서울대 석사논문, 1974.
안미영, 「김말봉의 전후 소설에서 선·악의 구현 양상과 구원 모티프—『새를 보라』·『푸른 날개』·『생명』·『장미의 고향』에 등장하는 '고학생'을 중심으로」, 『현대소설연구』 23, 한국현대소설학회, 2004.
안창수, 「『찔레꽃』에 나타난 삶의 양상과 그 한계」, 『영남어문학』 12, 영남대 영남어문학회, 1985.
양동숙, 「해방 후 공창제 폐지과정 연구」, 『역사연구』 9, 역사학연구소, 2001.
양왕용, 「정지용 시인과 동지사 대학 출신 문인들」, 『해동문학』 97, 해동문학사, 2017.
양찬수, 「1930년대 한국 신문연재소설의 성격에 관한 연구」, 동아대 석사논문, 1977.
오미남, 「1930년대 후반기 통속소설 연구」, 중앙대 석사논문, 1995.
오인문, 「한국신문연재소설의 사회적 기능에 대한 고찰」, 중앙대 석사논문, 1977.
오태영, 「가정소설의 정치학」, 『나혜석연구』 2, 나혜석학회, 2013.
유문선, 「애정갈등과 통속소설의 창작방법—김말봉의 『찔레꽃』에 관하여」, 『문학정신』 45, 열음사, 1990.
유진아, 「1930년대 후기 장편소설에 나타난 통속성의 양상—『찔레꽃』과 『탁류』를 중심으로」, 한국외대 석사논문, 2004.
이경춘, 「1930년대 대중소설 연구—김말봉의 『찔레꽃』을 중심으로」, 경성대 석사논문, 1997.
이미향, 「일제 강점기 애정갈등형 대중소설 연구」, 숙명여대 박사논문, 1999.
이병순, 「김말봉의 장편소설 연구—1945~1953년까지 발표된 소설을 중심으로」, 『한국사상과 문화』 61, 한국사상문화연구소, 2012.
이상규, 「부산 초량교회 출신의 여류 작가 김말봉」, 『생명나무』 385, 고신언론사, 2013.
이상진, 「대중소설의 반페미니즘적 경향—김말봉론」, 『문학과의식』 29, 문학과의식사, 1995.
이선희, 「김말봉씨 대저 『찔레꽃』평」, 『조선일보』, 1938.
이원조, 「김말봉론」, 『여성』, 여성사, 1937.

이정숙, 「김말봉의 통속소설과 휴머니즘」, 『한양어문연구』 13, 한양대 한양어문연구회, 1995.
이정옥, 「대중소설의 시학적 연구－1930년대를 중심으로」, 서강대 박사논문, 1999.
이종호, 「1930년대 통속소설 연구」, 경북대 석사논문, 1996.
임미진, 「해방기 아메리카니즘의 전면화와 여성의 주체화 방식－김말봉의 『화려한 지옥』과 박계주의 『진리의 밤』을 중심으로」, 『한국근대문학연구』 29, 한국근대문학연구회, 2014.
임영천, 『한국 현대소설과 기독교 정신－다성성의 시학을 바탕으로』, 국학자료원, 1998.
임정연, 「1950년대 새로운 '통속'으로서의 아메리카니즘과 '교양' 메커니즘－김말봉의 『방초탑』을 중심으로」, 『현대문학이론연구』 63, 현대문학이론학회, 2015.
장두식, 「근대 대중소설 연구－1930년대 후반기 '연애소설'을 중심으로」, 단국대 박사논문, 2002.
______, 「김말봉의 『찔레꽃』 연구」, 『국문학논집』 18, 단국대 국어국문학과, 2002.
장두영, 「김말봉 『밀림』의 통속성」, 『한국현대문학연구』 39, 한국현대문학회, 2013.
장서연, 「1970년대 대중소설 연구」, 동덕여대 석사논문, 1999.
전영태, 「대중문학논고」, 서울대 석사논문, 1980.
정비아, 「세태소설의 세계관 연구」, 숙명여대 석사논문, 2002.
정재욱, 『뉴욕의 황진이』, 시문학사, 2004.
정하은, 『김말봉의 문학과 사회』, 종로서적, 1986.
정한숙, 『현대한국소설론』, 고려대 출판부, 1977.
정희진, 「김말봉의 『찔레꽃』 연구」, 공주대 석사논문, 2000.
조동일, 『한국문학통사』 제5권, 지식산업사, 1988.
조신권, 「시대의 아침을 밝힌 기독문인들 2－소설로서 나라를 빛낸 전영택, 심훈, 김말봉, 박화성」, 『신앙세계』 566, 신앙세계사, 2015.
______, 「끝뫼 김말봉의 소설－지고지순한 사랑을 높은 가치로 그려낸 작가」, 『신앙세계』 587, 신앙세계사, 2017.
진선영, 『한국 대중연애서사의 이데올로기와 미학』, 소명출판, 2013.
______, 「한국전쟁기 김말봉 소설의 이데올로기 연구－『별들의 고향』을 중심으로」, 『겨레어문학』 55, 겨레어문학회, 2015.
______, 「해방기 세태소설의 한 양상－김말봉의 『가인의 시장』을 중심으로」, 『한국문화연

구』 29, 이화여대 한국문화연구원, 2015.
______, 「형식적 미학과 운명애의 향연－김말봉의 『꽃과 뱀』을 중심으로」, 『여성문학연구』 36, 한국여성문학학회, 2015.
______, 「인조견을 두른 모럴리스트－김말봉 대중소설 창작방법론 연구」, 『현대소설연구』 68, 한국현대소설학회, 2017.
______, 「김말봉 『밀림』의 역설 연구」, 『이화어문연구』 44, 이화어문학회, 2018.
______, 「김말봉 이명(異名) 연구」, 『한국어문교육연구회 제216회 전국학술대회 자료집』, 한국어문교육연구회, 2018.
최미진, 「광복 후 공창폐지운동과 김말봉 소설의 대중성」, 『현대소설연구』 33, 한국현대소설학회, 2006.
최미진·김정자, 「한국전쟁기 김말봉의 『별들의 고향』 연구」, 『한국문학논총』 39, 한국문학회, 2005.
____________, 「한국 대중소설의 상호텍스트성 연구－김말봉과 최인호의 『별들의 고향』을 중심으로」, 『어문학』 89, 한국어문학회, 2005.
최지현, 「해방기 공창폐지운동과 여성 연대(solidarity) 연구－김말봉의 『화려한 지옥』을 중심으로」, 『여성문학연구』 19, 한국여성문학학회, 2008.
최해군, 「소설가 김말봉과 그 곁사람들」, 『부산일보』, 2003.
추은주, 「1970년대 대중소설 연구」, 부산대 석사논문, 1997.
한림대학교 아시아문화연구소, 『미군정기 한국의 사회변동과 사회사』 1, 한림대 출판부, 1999.
한명환, 『한국현대소설의 대중미학 연구』, 국학자료원, 1997.
홍은희, 「김말봉 소설 연구」, 대구가톨릭대 석사논문, 2002.
황영숙, 「김말봉 장편소설 연구－『푸른 날개』와 『생명』을 중심으로」, 『한국문예비평연구』 15, 창조문학사, 2004.